Renate Csellich-Ruso

Die schönsten Bewegungsspiele für Kinder von 0–5

W0055120

Renate Csellich-Ruso

So fördere ich mein Kind

Die schönsten Bewegungsspiele für Kinder von 0–5

Ravensburger Ratgeber im Urania Verlag

Für meinen Sohn und für Hellmut Geißner,
der mich zu denken, zu sprechen und zu schreiben lehrte.

Zu diesem Thema bereits erschienen:
Helmut Köckenberger: Kinder müssen sich bewegen. ISBN 3-332-01033-6
Sabine Pauli, Andrea Kisch: Geschickte Hände, wacher Verstand. ISBN 3-332-01196-0
Sabine Pauli, Andrea Kisch: Was ist los mit meinem Kind? Bewegungsauffälligkeiten bei Kindern.
ISBN 3-332-00873-0

Die Autorin: Renate Csellich-Ruso ist Kommunikationspädagogin in Wien und hat Ausbildungen
in Psychotherapie, klassischer Pantomime und Artistik sowie in Sprech- und Sprachausbildung
absolviert. Ihr Buch beruht außerdem auf ihren Erfahrungen als Mutter.

Die Deutsche Bibliothek – CIP-Einheitsaufnahme
Ein Titeldatensatz für diese Publikation ist bei Der Deutschen Bibliothek erhältlich.

Die Verwertung der Texte und Bilder, auch auszugsweise, ist ohne Zustimmung des Verlags urheber-
rechtswidrig und strafbar. Dies gilt auch für Vervielfältigungen, Übersetzungen, Mikroverfilmungen
und für die Verarbeitung mit elektronischen Systemen.

Die Ratschläge in diesem Buch sind von Herausgeber und Verlag sorgfältig erwogen und geprüft,
dennoch kann eine Garantie nicht übernommen werden. Eine Haftung des Herausgebers bzw. des
Verlags und seiner Beauftragten für Personen-, Sach- und Vermögensschäden ist ausgeschlossen.

Die Schreibweise entspricht den Regeln der neuen Rechtschreibung.

Wir danken für Abdruckgenehmigungen:
Ursula Barff: Lauter tolle Sachen, die Kinder gerne machen, Falken Verlag 1993: S. 34 und S. 49/50.
Helga Biebricher, Sibille Bauer: Zehn kleine Zappelfinger, Pattloch Verlag 1991: S. 31/32.
Irmela Brender, Sindelfingen: S. 95.
Nortrud Boge-Erli, Mettmann: S. 109.
Detlev Jöcker, Menschenkinder Verlag Münster, S. 84/85 und und S. 90–92.
Dorothée Kreusch-Jakob: Ich schenk dir einen Regenbogen, Mit Liedern in die Stille, Patmos Verlag
Düsseldorf, 1993 bzw. 2000, S. 95, 97/98, 101–103, 105/106, 109–116.
Elfriede Pausewang: Die Unzertrennlichen, Don Bosco Verlag 1999, S. 72–75
Wir haben uns bemüht, alle notwendigen Abdruckgenehmigungen einzuholen. Aber Irren ist
menschlich. Falls wir aus Versehen ohne Genehmigung etwas gedruckt haben, das nicht freigegeben
wurde, bitten wir evtl. Rechte-Inhaber, ihre Ansprüche bei uns anzumelden.

www.dornier-verlage.de
www.urania-ravensburger.de

1. Auflage August 2001
© 2001 Urania Verlag Berlin
Der Urania Verlag ist ein Unternehmen der Verlagsgruppe Dornier.

Umschlaggestaltung: Behrend & Buchholz, Hamburg
Titelfoto: Image Bank, Elyse Lewin Studio Inc.
Fotos: Gertie Burbeck, Mönchengladbach; Archiv Thoms (S. 35, 54, 76, 93, 104); Ina Steinbrück (S. 82)
Redaktion: Dr. Marianne Jabs
Satz: Graphiti GmbH Berlin
Druck: Westermann Druck Zwickau
Printed in Germany

ISBN 3-332-01250-9

Inhalt

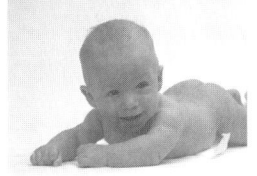

Vorwort

Endlich ist es geschrieben – das Buch zum Trost für Eltern sprach-verzögerter Kinder.

Die eigene Erfahrung in der Familie hat mich gelehrt, niemals auf die wohlmeinenden Anderen zu hören, sondern Eigeninitiative zu ent-wickeln. So kam ein naher Verwandter mit fünf Jahren in den Kinder-garten, sprach keine zehn Worte und wurde im ländlichen Raum für minderbegabt gehalten. Heute ist er in führender Position auf seine Eloquenz angewiesen.

Was hätten Eltern vor 30 Jahren für ein Buch wie dieses gegeben! Es ermutigt, es bestätigt, es hilft, und es würdigt die Ganzheit des Menschen.

Geht man von der Körperlichkeit, dem Intellekt, der Emotion und der Sozialisation des Kindes aus und verbindet und vernetzt diese Bereiche miteinander, so zeigt sich, dass Spracherwerb nur gelingen kann, wenn jeder Bereich gleich bewertet und gewürdigt wird. Dies ist der Autorin gelungen; sie bemüht sich aus eigener Erfahrung, nicht allein Sinnesanregung zu geben, sondern kindgerechte Zuwendung zu formulieren. Sie entspricht damit tiefenpsychologisch dem Auf-trag Anna Freuds, kontrolliert regredieren zu dürfen. Sie integriert kognitiv psychologisch das Piaget'sche Modell des magisch-animis-tischen Denkens. Sie gibt emotional jene Ermutigung, die nicht das Maximum, sondern das persönlich Optimale sucht, und sie folgt sozi-al dem regionalspezifischen Sprach-, Gedicht- und Liedschatz, um – einfach Hilfe zu bieten.

Folgt man den Anleitungen, so wird Eltern, Kindergärtnerinnen, Sozialpädagogen und bisweilen auch Logopäden mittels der vorge-legten Literatur Hilfe geboten, die Anregung zu individuellen Weiter-entwicklung am und für das Kind ermöglicht.

Prof. Dr. med. Max H. Friedrich,
Universitätsklinik für Neuropsychiatrie
des Kindes- und Jugendalters, Wien

Einleitung: Wie dieses Buch entstand

„Ich habe noch nie ein so fein differenziertes, soziales Wesen gesehen wie dieses hier, das auffälligerweise nicht spricht, aber es ist so!"

Das Wesen, das hier beschrieben wurde, ist mein Sohn Raphael. Auffällig war, dass er erst im Alter von dreieinhalb Jahren zu sprechen begann.

Ein Rätselspiel im Kindergarten: Raphael wusste das Lösungswort „Zwiebel", konnte es aber nicht aussprechen, da sich seine verbalen Möglichkeiten auf die Silbe „da" beschränkten. Deshalb begann er, auf einem imaginären Brett zu schneiden und gleichzeitig zu weinen. Die Darstellung war für alle Anwesenden verständlich.

Diese Geschichte veränderte die Haltung der Erzieherin, die von einem Kind, das nicht sprach, nicht sehr angetan war. Hatte sie ihn zuvor eher abgelehnt, so erschien er ihr ab da in einem völlig neuen Licht. Und das, obwohl sich sein verbaler Ausdruck nach wie vor auf die Silbe „da" beschränkte.

Im Gegensatz zu seinen sprachlichen Äußerungen war sein körperlicher Ausdruck fein differenziert. Er war praktisch veranlagt und bewegte sich überaus geschickt.

Um der „Umwelt" Genüge zu tun, besuchte ich schließlich einen Entwicklungsdiagnostiker. Er befragte mich eingehend nach dem Verlauf der Schwangerschaft, nach dem Geburtsverlauf, nach den Grundsätzen meiner Erziehung und danach, was ich mit meinem Sohn bisher gemacht habe. Bei seinem ersten Zusammentreffen mit Raphael spielte dieser Arzt mit ihm. Im anschließenden Gespräch meinte er dann: „Ich weiß zwar nicht genau, was Sie mit ihm gemacht haben, aber Sie müssen sehr viel mit ihm getan haben!"

Erst durch dieses Nachfragen wurde mir klar, dass ich instinktiv wohl ein bisschen mehr getan habe. Das Ergebnis vieler Gedanken, Gespräche und Überlegungen liegt nunmehr vor Ihnen. Mein Buch wendet sich an all jene, zu denen ein Kind sagt: „Hilf mir, es selbst zu tun!" oder auch nur: „Komm, spiel und sprich mit mir!"

Bewegung ist Leben

Durch Bewegung lernen Kinder so gut wie alles, vom Körper- und Raumgefühl bis zu Sprache und Zahlenverständnis.

Mein Sohn Raphael und was ich von ihm lernte

Jedes Kind ist anders – von Anfang an.

Wie vermutlich die meisten Mütter, habe auch ich meinen beiden Kindern beim Atmen zugesehen. Immer und immer wieder habe ich nachgeschaut, ob sich der kleine Brustkorb auch tatsächlich hebt und senkt.

Bereits kurz nach Raphaels Geburt fiel mir auf, dass er seinen Kopf nur mit Mühe von einer Seite zur anderen drehen konnte. Ein völlig anderes Bild erlebte ich nach der Geburt meines zweiten Kindes. Laura konnte ihren Kopf unmittelbar nach der Geburt problemlos von einer Seite zur anderen drehen. Ansonsten waren auch ihre Bewegungen, wie diejenigen der meisten Neugeborenen, ziemlich unkoordiniert.

Raphael brauchte schließlich lange Zeit, um seinen Kopf unter Kontrolle zu bekommen. Immer und immer wieder hat er es versucht. Er und ich, wir waren oft verzweifelt. Er, weil er es nicht schaffte. Und ich, weil ich ihm nicht helfen konnte.

Kreative Lösungen eines Winzlings

Das Spielparadies in der Wohnung.

In dieser Zeit verwandelte sich unsere Wohnung in ein wahres Spielparadies. Schiefe Ebenen, Turnmatten, bunte Bälle und vieles mehr zierten nicht nur das Kinderzimmer. Damit er sich später auch aufsetzen konnte, mussten zuerst seine Rückenmuskeln ausreichend gestärkt werden. Durch Robben auf der schiefen Ebene und durch entsprechend platziertes Spielzeug am jeweiligen Ende der schiefen Ebene erlangte er schließlich die nötige Muskelkontrolle. Trotz allem war es ihm bis dahin unmöglich, zu sitzen oder zu krabbeln. Stattdessen entwickelte er seine persönliche Art der Fortbewegung. Auf dem Rücken liegend, stellte er seine Beine auf, stemmte ein Bein fest gegen den Boden und schob sich auf diese Weise ein Stück weiter. Er entwickelte darin so große Fertigkeiten, dass er in einem schier unglaublichen Tempo die gesamte Wohnung „durchschlängelte". Wollte er die Richtung wechseln, so begab er sich in eine Ecke, stemmte die Füße gegen die Wand und schob sich in einer anderen Richtung weiter. Diese Art der Fortbewegung war zwar lustig anzusehen, erschien mir aber doch ungeeignet.

Also begann ich, kleine Hindernisse in seinen Weg zu bauen. Anfangs versuchte er, sich daran vorbei zu schlängeln. Als ihm das nicht gelang, begann er sich umzudrehen. Gemeinsam haben wir im Bett die Decken zu wahren Gebirgen aufgebaut. Ebenso gemeinsam haben wir versucht, diese Gebirge zu überwinden. Da er nicht von selbst krabbelte, krabbelte ich voran, vor ihm her. Schließlich haben wir wahre Krabbelrennen durch die Wohnung veranstaltet. Auf diese lustvolle Weise stärkte er seine Muskulatur. Bald darauf gelang es ihm erstmals, sich aufzusetzen.

Nun konnte er seinen eigenen Stuhl benutzen und bei Tisch sitzen.

Alles kann zum Spielzeug werden

Die Anregungen durch die Umwelt waren offensichtlich ausreichend gewesen. Folglich begann er, munter zu experimentieren. Alles wurde erklettert und erkundet. Nicht alle seine Experimente gefielen mir. Einige schienen mir mehr als gefährlich. Am meisten liebte er die große doppelseitige Stehleiter. An, auf, unter und mit ihr erforschte er seine kleine Welt. Spielerisch erweiterte er seine Fähigkeiten und experimentierte mit seinem ganzen Körper.

Gefährlich? Vielleicht. Aber ohne Risiko gibt es keinen Fortschritt.

Beide waren wir im Erfinden neuer Spielchen geübt. Deshalb wurde aus scheinbar nutzlosem Material das schönste Spielzeug. Aus alten Kartons, Decken, ein paar Stangen und einem Seil ließen sich die tollsten Gefährte bauen. Alte Becher, Töpfe, Posterrollen wurden zum Bastelmaterial. Hammer, Nägel und Säge befanden sich im Kinderzimmer. Es wurde gesägt, gehämmert, gemalt, gematscht, getöpfert, gecremt, geblasen und vieles mehr.

Auf diese Weise wandelte sich ein „Kartonhaus" schon einmal zum Flugzeug, zur Küche, zum Baucontainer oder zur Poststation. Der Briefschlitz eignete sich nicht nur für Postwurfsendungen, sondern auch für die Nahrungsaufnahme. Die Fenster waren nicht nur Orte der Begegnung, sondern auch Himmelsfernrohre. Ebenso gut eigneten sie sich zum Ein- und Aussteigen und für Steckspiele jeglicher Art. Das ganze Kartonhaus wurde zum Erproben der eigenen Kräfte genutzt. Wie stark bin ich, kann ich es schon schieben oder gar heben?

11

Natürlich musste dieses Haus auch einen Garten haben. Ein Zaun wurde notwendig, einer aus Karton. Es wurde überlegt, Baumaterial besorgt, gezeichnet, geschnitten, gemalt, geklebt, wieder geändert und schlussendlich aufgebaut.

Die vielseitige Leiter.

Die doppelseitige Stehleiter wurde zum Dachdecken benutzt und in der Folge auch, um Dachschäden zu reparieren. War man schon einmal auf der Leiter, ließ sich das Zimmer von oben betrachten. Wenn man auf der Leiter von Sprosse zu Sprosse kletterte, veränderte sich das Zimmer. Was vorerst groß war, war nun „ganz klein". Oben und unten, vor und nach, hinten und vorne, diese Unterschiede wurden verständlich.

Oben angelangt, konnte man sich erst einmal ausruhen. Oder aber, weil man seine Fähigkeiten ein bisschen überschätzt hatte, ängstlich wieder herunterkommen.

Ebenso problemlos ließ sich die Leiter zum Badehaus umbauen und diente sodann als Ort des seltenen Rückzugs. Die Leiter selbst wurde in der Folge zum Turngerät. War das Rutschbrett eingehängt, ließ sich die Leiter auf viele Arten besteigen: rücklings vorwärts schiebend, robbend, krabbelnd, gehend, laufend oder im Bärengang. Ebenso lustvoll war das Herunterkommen: vorwärts rutschend auf dem Po, auf den Knien, hockend, stehend, rückwärts, bäuchlings, kopfüber und kopfunter, verkehrt und vieles mehr.

Was ein Kind dabei erlebt

Wer bin ich, wie weit kann ich gehen?

Die Ziele all dieser lustvollen Spiele waren: sich selbst wahrnehmen, die Grenzen des eigenen Körpers – im Sinne von körperlichen Grenzen – erfahren und die eigenen Möglichkeiten kennen lernen. Anders formuliert: die eigenen Fähigkeiten spielerisch zu erweitern. Nicht nur seine, auch meine. Dieses intensive Miteinander-Spielen war für mich mitunter sehr anstrengend.

In kürzester Zeit entwickelte Raphael ein so großes körperliches Geschick, dass er wegen seiner Größe und seiner körperlichen Gewandtheit überall auffiel. Er differenzierte ganz genau. Seine Beobachtungsgabe überraschte mich immer wieder. Ebenso seine Fähigkeit, auch kleinste Bewegungen auszuführen.

Das Ich, der Körper und die Sprache

Während der ersten anderthalb Lebensjahre ist ein Kind so mit dem Kennenlernen des eigenen Körper beschäftigt, dass für andere Aktivitäten kaum Kapazitäten im Gehirn zur Verfügung stehen. Erst etwa ab dem 18. Lebensmonat werden Worte für ein Kind interessant. Sie üben jetzt eine nahezu magische Bedeutung aus. Das Denken selbst ist noch an die jeweilige Anschauung gebunden. Das Kind versucht, die Welt intuitiv – mit, durch und über die Sinne – zu erfassen. Das gelingt manchmal, auch ohne Dinge direkt zu berühren.

So erfährt ein Kind die Welt.

Als Laura zu gehen versuchte, hangelte sie sich anfangs ziemlich ungeschickt zwischen Sitzbank und Stereoanlage hin und her. Sie übte so lange, bis sie sich schließlich nicht mehr auf diese Bewegungsform konzentrieren musste. In dieser Zeit, als sie so sehr mit dem Gehenlernen beschäftigt war, hörte sie einfach zu „lauten" auf. Ich verwende hier absichtlich den Begriff „Lauten". Ihre damaligen Äußerungen als „Sprechen" zu bezeichnen erscheint mir unpassend.

Sich körperlich Bewegen oder Sprechen sind zwar unterschiedliche Bewegungsformen. Und doch haben beide etwas gemeinsam. Damit eine Bewegung harmonisch ist, müssen die verschiedenen Teile des Körpers genau zusammenspielen. Genauso wie beim Gehenlernen müssen Muskeln, Bänder, Sehnen und Gelenke koordiniert werden. Ohne genaues Zusammenspiel der verschiedenen, am Entstehen von Lauten beteiligten Elemente bleibt das zu Sprechende, bleibt Sprache letztlich unverständlich.

Durch Bewegung werden Erfahrungen gespeichert

Kinder sind an allem interessiert und ihrem Alter entsprechend neugierig. Ihr Interesse bezieht sich auf alle Arten von Spielzeug und vieles mehr. Alle im Gehirn eintreffenden Reize werden geordnet, integriert, analysiert, verglichen, be- und verarbeitet und gespeichert. Einmalig durchgeführte Bewegungen rufen vorerst ein kurzfristiges Vernetzen hervor.

Wiederholung ist die Mutter des Lernens. Russisches Sprichwort

Nur ein oftmaliges Wiederholen der Bewegung führt im Gehirn eines Babys zum dauerhaften Vernetzen der verschiedenen Strukturen

13

und Nervenzellen. Werden diese Verbindungen nicht oftmals aktiviert, sterben sie innerhalb von wenigen Tagen wieder ab. Um ein dauerhaftes Vernetzen zu sichern, braucht ein Kind viele unterschiedliche Bewegungserfahrungen.

Während der ersten Lebensmonate lernt ein Kind seinen eigenen Körper kennen. Vorerst erwirbt das Baby grobmotorische, später dann feinmotorische Fähigkeiten. Ohne diese motorische Entwicklung kann ein Kind sich selbst und seine Umwelt nur unzureichend wahrnehmen. Ohne diese Entwicklung kann es seine Gliedmaßen und später seine Denkbewegungen nur unzureichend koordinieren.

Das Erlebnis des Raumes.

Kinder mit unzureichender Bewegungserfahrung können das Gesehene oftmals nur schlecht gliedern. Sie sind so sehr mit dem Wahrnehmen beschäftigt, dass sie die unterschiedlichen Beziehungen von Gegenständen im Raum nicht wahrnehmen können. Andere müssen sich so sehr auf das Koordinieren der verschiedenen Bewegungen konzentrieren, dass sie ihr eigentliches Ziel, beispielsweise das Gehen auf einer Linie, nicht erreichen.

Diese ersten wichtigen Entwicklungsschritte können im Prinzip allein in den ersten anderthalb Lebensjahren vollzogen werden – danach nur bedingt und nur unter großem Aufwand. Das Kennenlernen des eigenen Körpers und das Sammeln von ausreichenden Bewegungserfahrungen bilden die Grundlage für das Planen von Bewegungen. Andere oftmals dafür verwendete Begriffe sind die des motorischen Planens oder die Praxie. Darunter versteht man die Fähigkeit des Gehirns, sich eine Abfolge noch ungeübter Handlungen und/oder Bewegungen vorzustellen, diesen vorgestellten oder geplanten Bewegungsablauf zu ordnen und in der Folge auszuführen.

Das Erlebnis der Sprache.

Erst wenn diese Fähigkeiten ausreichend trainiert und sichergestellt sind, entwickelt sich, nunmehr für alle hörbar, Sprache. Die nächsten großen Entwicklungsschritte ermöglichen es dem Kind, die unterschiedlichsten Dinge intuitiv zu erfassen. Erst danach erwirbt das Kind die Fähigkeit zum abstrakten Denken. Um all diese von der Natur geplanten Abläufe erfolgreich zu durchlaufen, brauchen Kinder viel Bewegung. Und zwar die unterschiedlichsten Arten und Formen von Bewegung. Das schließt Bewegtwerden ebenso ein wie Sich-selbst-Bewegen.

Besonders wichtig ist die frühe Bewegungserfahrung. Mit dem Sammeln von Bewegungserfahrungen kann nicht früh genug begonnen werden. Darauf aufbauend, und nur darauf, können sich höhere Funktionen entwickeln.

Der Zusammenhang von Bewegung und Sprache

Das Erlebnis der beiden Körperhälften.

Auf den ersten Blick erschienen mir Raphaels Neugeborenenbewegungen völlig unkontrolliert. Aber durch all seine sinnlos scheinenden Bewegungen erarbeitete er sich sein Bild vom eigenen Körper. Erst nachdem sein Gehirn genug Bewegungserfahrung gesammelt hatte, kreuzte er beim Spielen spontan – mit Händen oder Füßen – die Körpermitte. Dieses „Verinnerlichen" der beiden Körperseiten bezeichnet man als Integrieren. Der eigene Körper wird als ein sinnvolles, aufeinander abgestimmtes Ganzes erlebt. Damit konnte und kann er sich im Raum orientieren. Später „spezialisierte" sich eine seiner Körperseiten auf bestimmte Tätigkeiten. Aufbauend auf dieses „Spezialisierung" entwickelten sich die Begriffe Rechts und Links.

Viele Bewegungen hat Raphael erlernt oder kann er willentlich ausführen. Das gilt auch für das Sprechen. Auch die Bewegungsfolgen zum Bilden der einzelnen Laute hat er erlernt und führt sie willentlich aus.

Sprachentwicklung erfolgt analog der Motorik.

Erst durch die vorangegangenen motorischen Entwicklungsschritte konnte Raphael Bewegungen in richtiger zeitlicher, räumlicher und rhythmischer Reihenfolge durchführen. Auch seine sprachliche Entwicklung folgte diesem einfachen Prinzip. Am Anfang standen die am einfachsten zu bildenden Laute. Erst allmählich beherrschte er seine Mundmuskeln so gut, dass er in zeitlich und rhythmisch richtiger Reihenfolge Laute zu Wörtern bilden konnte.

Das richtige Planen und Durchführen von Bewegungsfolgen bezeichnet man als Praxie. Ein großer Teil der Bewegungsplanung ist emotional beeinflusst. Dabei spielen die gesammelten – oder eben nicht gesammelten – sozialen Erfahrungen eine bedeutende Rolle. Aus dem sich allmählich entwickelnden Wissen um die Grenzen des eigenen Körpers und aus dem Wissen um den beanspruchten Platz erwächst ein Gefühl für den angemessenen Abstand zu anderen.

So scheinbar kompliziert diese Entwicklung verläuft, so einfach ist das dahinter liegende Prinzip. Von oben nach unten, vom Einfachen zu Komplexem. Das gilt im Besonderen auch für das Entwickeln der Sprache.

16

Warum brauchen Kinder Bewegungsspiele?

Die sprachliche Entwicklung beginnt mit der Geburt. Genauer mit dem ersten Atemzug oder dem ersten Schrei. Bereits bei der Geburt waren auch bei meinem Sohn Raphael alle Sinnessysteme intakt und angelegt. Als Neugeborener konnte er sehen, riechen, fühlen, hören und schmecken. Ja, er unterschied meine Stimme von anderen weiblicher Stimmen. Er erkannte mich zwar noch nicht am Gesicht, aber am Geruch.

Die Lieder, Übungen und Spiele in diesem Buch dienen der Förderung jedes Kindes.

Zunächst experimentierte er mit seinem ganzen Körper. Täglich erwarb er neues Wissen und Fähigkeiten und wurde immer geschickter, bis er eines Tages die geliebte hölzerne Greifkatze halten und später selbst ergreifen konnte. Vorerst benützte er dazu diejenige Hand, die dem gewünschten Objekt näher war. Später überkreuzte er mit einer Hand die Körpermitte. Durch das oftmalige Wiederholen der verschiedenen Bewegungen vernetzten sich die Nervenzellen zu bleibenden Verbindungen. Ein Art Nervenzellengedächtnis war entstanden.

Mit der Zeit lernte Raphael, Hände und Füße, Rumpf und Kopf zu koordinieren. Es dauerte geraume Zeit, bis er viele Bewegungen willentlich durchführen konnte. Eine genaue Bewegungskontrolle ist auch zum Sprechen notwendig. Denn auch beim Sprechen müssen viele Muskeln, Sehnen, Bänder und Gelenke genau koordiniert werden.

Aber ohne meine Nähe oder die einer anderen Bezugsperson hätte er sich weder geistig noch körperlich entwickelt. Wie alle Menschenkinder brauchte auch er jemanden, der ihn liebevoll ansah, ansprach, ihm zuhörte, nach- und vorsprach, mit ihm spielte und noch vieles mehr. Ohne all die liebevolle Zuwendung wäre weder eine sprachliche noch eine körperliche Entwicklung möglich gewesen.

Ein Kind, dem niemand zuhört, kann nicht sprechen lernen.

Das Wachsen und Erwachsenwerden eines Kindes erfordert vor allem Zeit. Zeit, um auf seine persönliche Art zu reifen. Zusätzlich noch viel Zärtlichkeit und Zuwendung (M. Friedrich).

Jede Sekunde, in der ein Kind keine Liebe oder liebevolle Zuwendung erfährt, ist für immer vorbei! Dabei ist nur natürlich, dass Kinder in ihrem Drang nach Bewegung und Freiheit einem Erwachsenen

Was jetzt versäumt wird, lässt sich nicht nachholen.

manchmal auf die Nerven gehen. Das bedeutet auch, dass Eltern Fehler machen und sich irren dürfen. Wer ein Kind unter dem Aspekt erzieht, es auf sein Leben und auf ein Bestehen innerhalb der Gesellschaft vorzubereiten, muss wach und bereit sein, Tradiertes in Frage zu stellen, verunsichert neue Wege zu suchen und gemeinsam zu neuen Ufern aufzubrechen.

Die Stufen der Entwicklung

Eine weitere Grundlage all meiner Überlegungen ist die von Piaget und Inhelder beschriebene Entwicklung.

Das Modell von Piaget und Inhelder. Die Basis dieser beiden Forscher waren eigene Beobachtungen. Ihre Erkenntnisse bilden die Grundlagen für zahlreiche später entstandene Theorien und Therapieformen, beispielsweise der sensorischen Integration (s. S. 20). Das Modell der kindlichen Entwicklung von Piaget und Inhelder ist mit seinen vier Stufen sehr anschaulich.

> Sensomotorische Phase
> Phase des Spracherwerbs
> Phase der Wahrnehmungsentwicklung
> Entwicklung höherer Funktionen

Bereits während der vorsprachlichen Phase trainiert der Säugling alle für die Sprache notwendigen Dinge. Er experimentiert mit dem gesamten Körper, also auch mit der Stimme. Während dieser Lebensphase ist zumindest die körperliche Entwicklung leicht beobachtbar.

Die Sprache ist die höchste Funktion, zu der das Wesen Mensch imstande ist. Deshalb dauert es etwa 18 Monate, bis ein Kind die Sprache für sich entdeckt. Die Zeitspanne bis zum vollkommenen Entdecken dauert mindestens bis zum 14. Lebensjahr und darüber hinaus.

Die sensomotorische Phase (0 bis 18 Monate)
Piaget und Inhelder bezeichneten diese vorsprachliche Phase als Stufe der sensomotorischen Intelligenz oder als: Sensomotorische Phase. Die ersten selbst hervorgebrachten Laute sind, zumindest nach Piaget und Inhelder, noch keine sprachliche Leistungen an sich. Die beiden Forscher fanden, dass sich diese im Spiel entstandenen Laute lediglich auf die aktuelle Spielsituation oder das aktuelle Befinden bezogen. Die Laute selbst nannten sie Signallaute. Für Piaget und Inhelder waren sie Kennzeichen für den Beginn der sich entwickelnden Wahrnehmung.

Signallaute.

Während dieser Phase ist ein Kind so mit dem Erlernen und Erforschen des eigenen Körpers und seiner Fähigkeiten beschäftigt, dass für darüber hinaus gehende, weiter führende Aktivitäten kaum Kapazitäten im Gehirn frei sind.

Phase des Spracherwerbs (18 Monate bis vier Jahre)
Jetzt ziehen Worte das Kind in seinen Bann. Das Denken ist dabei noch an die jeweilige Anschauung gebunden. Das Kind kommentiert und ahmt die Fähigkeiten der Bezugspersonen nach. Es lernt, mit Symbolen umzugehen.

Worte und Sätze.

Phase der Wahrnehmungsentwicklung (vier bis acht Jahre)
Während der Wahrnehmungsentwicklung versucht das Kind, die Welt intuitiv, durch und über die Sinne, zu erfassen. Es unterscheidet beispielsweise nach Größe, Farbe und Richtung. Das gelingt nunmehr auch, ohne die Dinge direkt zu berühren. Diese Phase wurde von Piaget und Inhelder als die vooperationale oder intuitive Phase bezeichnet.

Intuitive Erkenntnis.

Kommt es hier zu einer Störung, differenziert das Kind optische und akustische Eindrücke nur mangelhaft. In der Folge kann es zu Lernstörungen, Lernbehinderungen und einer Denkschwäche kommen.

Entwicklung höherer Funktionen (acht bis zwölf Jahre)
Mit dem Entwickeln höherer Funktionen wird ein Kind fähig, Denkprozesse höherer Ordnung durchzuführen. Hat es bisher eher beobachtet, so ist es nunmehr zumindest imstande, zusätzlich über die Beobachtungen und Handlungen nachzudenken; es denkt abstrakt.

Abstraktes Weltbild.

Sensorische Integration

*Das Modell von
A. Jean Ayres.*

Unter sensorischer Integration wird ein Prozess verstanden, bei dem alle sinnlichen Eindrücke (sensorische Inputs) so geordnet und verarbeitet werden, dass eine angemessene Körperreaktion, sinnvolle Wahrnehmungen, Gefühlsreaktionen und Gedanken entstehen können. Dem jeweiligen Funktionsniveau entsprechend, werden die eintreffenden Reize integriert. Störungen auf einem untergeordneten Funktionsniveau beeinträchtigen auch die höheren Funktionen. Im Vordergrund der sensorischen Integrationstherapie steht das angemessene Verarbeiten und Differenzieren der verschiedenen Körpersinne.

A. Jean Ayres, von der dieses Modell stammt, unterteilt in drei große Bereiche:

den Tastsinn (taktiles System)
die Tiefensensibilität (kinästhetisches System)
den Gleichgewichtssinn (vestibuläres System)

Diese drei Sinnessysteme (Tastsinn, Tiefensensibilität und Gleichgewichtssinn) spielen bei der sensomotorischen Entwicklung des Körpers eine große Rolle. Erst alle Sinne zusammen, auch die optischen und akustischen, ergänzen die eintreffenden Reize und ermöglichen das Planen (Praxie) des weiteren Handelns.

Wie arbeitet die sensorische Integration?

*Grundlegende
Fähigkeiten stärken
und nachbessern.*

Die sensorische Integration vermittelt keine Wissensinhalte, sondern ist bestrebt, die grundlegenden sensomotorischen Fähigkeiten zu unterstützen und/oder zu stabilisieren. Es werden keine einzelnen Funktionen isoliert oder systematisch trainiert. Dem Kind werden Geräte und Materialien angeboten, um ein angemessenes Verarbeiten und Integrieren der eintreffenden Reize anzubahnen und/oder zu ermöglichen.

Wie das vor sich geht, erfahren Sie in diesem Buch.

Hauptsache, Bewegung macht Spaß

Bitte machen Sie sich keine Sorgen, wenn manches in dieser Einleitung allzu wissenschaftlich klingt. Kinder mögen diese Übungen – auch Ihr Kind wird sie nicht allein bald „können", sondern auch mögen. Und das ist schließlich das Wichtigste.

Es darf gelacht, geblödelt und geschmust werden. Alle Übungen sollen und dürfen Spaß bereiten. Ihnen und Ihrem Kind.

Nur bitte: Gehen Sie mit Ihrem Kind behutsam um. Einfach so, wie auch Sie gern behandelt werden würden.

Die Signale des Kindes wachsam aufnehmen.

Unterstützen Sie dort, wo es wirklich notwendig ist, aber trauen Sie Ihrem Kind auch zu, dass es viele Dinge allein schafft. Ich habe oft die Luft angehalten, wenn meine Kinder Neues ausprobiert haben. Auch ich habe ihnen oftmals etwas gar nicht zugetraut, mich dann aber umso mehr über ihren Erfolg gefreut.

Führen Sie das Kind langsam und spielerisch an alles Neue heran. Schließlich werden auch Sie nicht gern ins kalte Wasser geworfen. Lassen Sie ihm und sich Zeit, ehe Sie sich an einzelne Übungen heranwagen. Achten Sie auf eine entspannte Atmosphäre. Nur so ist selbstständiges Lernen möglich. Arbeiten Sie respektvoll und genau. Akzeptieren Sie auch ein „Ich trau mich nicht!"

Und wenn es heißt: „So macht mir das keinen Spaß!"? Auch Ihr Kind ist ein kleiner Erfinder. Es darf, kann und soll selbstständig Varianten zu einzelnen Übungen entwickeln und ausprobieren.

Die einzelnen Bewegungsübergänge während der Übung sollten fließend sein. Achten Sie besonders auf den Mund. Er sollte bei allen nonverbalen Übungen entspannt sein. Die Zunge bewegt sich nicht mit! Wenn sie es doch tut, konsultieren Sie bitte zunächst einen Arzt.

Der Mund Ihres Kindes sagt viel, auch wenn er nicht spricht.

Gleichzeitig achten Sie bitte auch auf die kleinsten Reaktionen. Bei „Abwehrreaktionen" unterbrechen Sie die Übung einfach. Vielleicht sollten Sie vorerst eine andere, einfachere Übung anbieten.

Wenn Sie Hilfestellung geben, dann bitte kindgerecht. Wie Sie Hilfestellung geben können, ist bei den einzelnen Übungen angegeben. Erklären, sprich: Begründen Sie diese Ihre Hilfestellung. Ermöglichen Sie dem Kind ein selbstständiges Arbeiten.

Sie werden viel über sich erfahren.

Führen Sie nur diejenigen Übungen durch, die auch Ihrer Rolle entsprechen. Vielleicht werden bei einigen Spielen oder Übungen Erinnerungen an die eigene Kindheit wieder wach. Stimmen Sie sich auf die Zusammenarbeit ein. Versuchen Sie, die Spiele, Lieder und Übungen so in den Tagesablauf zu integrieren, wie es Ihnen und Ihrem Kind entspricht.

Loben Sie so oft wie möglich, aber ehrlich, nur dann, wenn es etwas zu loben gilt. Nicht Lobhudelei ist gefragt, sondern ehrliches Sich-Mitfreuen über Gelungenes. Loben bringt Sie und Ihr Kind weiter.

Tasten und Spüren, Ich und Du

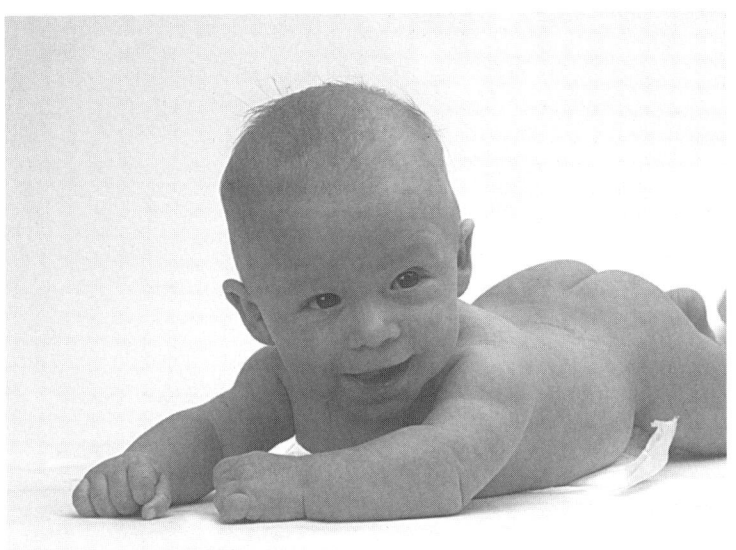

Die Welt mit und durch alle Sinne erfahren – das ist die Basis für gesundes Wachstum.

Worum geht es in diesem Kapitel?

- Das bewusste Erleben von Berührungen
- Verändern der Berührungsempfindlichkeit
- Wahrnehmen unterschiedlicher Materialien auf der Haut und der dadurch ausgelösten unterschiedlichen Empfindungen
- Veränderung der Beziehungen zu den Menschen, die die Berührung ausführen
- Förderung des Selbstwertgefühls
- Förderung des Sozialverhaltens
- Verstärken der Körperwahrnehmung
- Wahrnehmung von Spannungszuständen der Muskeln
- Aufbau eines angemessenen Muskeltonus
- Halten von Muskelspannungen
- Regulierung des Muskeltonus
- Erweiterung des Bewegungsrepertoires
- Förderung der Bewegungskoordination
- Entwicklung der Körpersymmetrie
- Unterstützung beim Bilden des Körperschemas
- Automatisierung von Bewegungen und Bewegungsabläufen

Berührung, Körpergefühl und Sprache

Raphael schätzt es bis heute, berührt, massiert und gestreichelt zu werden. Kinder, denen diese Aufmerksamkeit nicht zuteil wird, entwickeln sich langsamer. Die Zuwendung zum Kind bildet die Grundlage für seine emotionale Entwicklung, sein Selbstbewusstsein und sein Selbstwertgefühl!

Durch Berühren, Drehen, Wenden erarbeitet sich ein Kind seine persönliche „Landkarte" im Kopf. Raphael weiß genau, wo sich Muskeln, Sehnen und Gelenke befinden. Als er zu gehen begann, musste er sich auf das Koordinieren all dieser „Teile" konzentrieren. Heute ist das anders. Heute läuft und springt er, ohne darüber nachzudenken. Aus den damals verinnerlichten Bildern wurde in der Folge das so genannte Körperschema. Es erleichtert ihm heute, auch neue und ungeübte Bewegungen zu planen und in der Folge tatsächlich auszuführen.

Auch hier folgte er dem einfachen Entwicklungsprinzip: von innen nach außen bzw. von oben nach unten. Zuerst die körperliche Entwicklung und parallel dazu, wenn auch nicht sofort hörbar, die sprachliche Entwicklung. Das Verknüpfen und Speichern aller entstehenden Daten im Gehirn ermöglichte es ihm, vorerst ein allgemeines Sprachverständnis zu entwickeln. Aufbauend darauf entwickelte sich die Sprache.

So stimulieren Sie den Tastsinn

Massieren ist ganz einfach

Ich führe die Massage in immer der gleichen Reihenfolge durch. Während des Massierens haben meine Kinder die Augen offen oder geschlossen, je nach Belieben. Bei geschlossenen Augen muss sich das Kind mehr darauf konzentrieren, wo es gerade massiert wird.

Bitte massieren Sie nur mit warmen Händen. Wer wird schon gerne von einer kalten Hand berührt? Massageöle können Sie verwenden, aber bitte nur sparsam. Durch zu viel Öl gleiten die Hände, im wahrsten Sinn des Wortes, über die kindliche Haut hinweg.

Achten Sie auf alle kindlichen Reaktionen. Ein stark ablehnendes oder gar abwehrendes Verhalten deutet auf ein unangemessenes Verarbeiten der eintreffenden Reize hin.

Das Ergebnis einer entspannten und wohltuenden Massage ist eine leichte, kurzfristige, aber gleichmäßige Rötung der massierten Stellen.

Babymassage

Raphael hat diese Massage bereits als Neugeborener erlebt. Er liebt sie bis heute. Sie können mit dieser Massage beginnen, sobald der Nabel abgefallen ist. Am beliebtesten ist die Massage kurz vor dem Schlafengehen. Meine Kinder schlafen dann besser.

Im 1. Lebensjahr. Auch ältere Kinder mögen sie, besonders in krisenhaften Situationen.

Das Kind liegt vor Ihnen auf dem Bauch. Streichen Sie von den Schultern abwärts zu den Beinen hinunter. Dann dreimal die ganze Wirbelsäule abwärts, direkt auf dem Rückgrat. Anschließend die Flan-

25

ken des Rumpfes und die Außenseite der Beine. Von der Achselhöhle abwärts bis zum Fußknöchel.

Jetzt fahren Sie auf der Rückseite des Armes vom Handgelenk zu den Schultern. An der Hüfte beginnend, streichen Sie dreimal die Vorderseite jedes Beines bis zum Fußknöchel.

Nun massieren Sie dreimal vom Schritt zum Hals hinauf. Gleiten Sie an der Innenseite des Beines dreimal vom Knöchel in Richtung Schritt hinauf.

Abschließend massieren Sie auf der Innenseite des Armes von der Achselhöhle zum Handgelenk.

Fußmassage mit Kinderreim

Im 1. Lebensjahr. Von Zeh zu Zeh, am Kinderreim entlang.

Das Kind liegt mit nackten Füßen auf dem Rücken.

Setzen Sie sich so hin, dass Sie den Fuß des Kindes auf Ihr Knie legen können. Mit Daumen und Zeigefinger umfassen Sie eine Zehe, drehen sie einige Male leicht hin und her und ziehen sie sanft in die Länge. Ich beginne mit der großen Zehe und arbeite mich, während ich den Kinderreim dazu erzähle, bis zur kleinen Zehe vor.

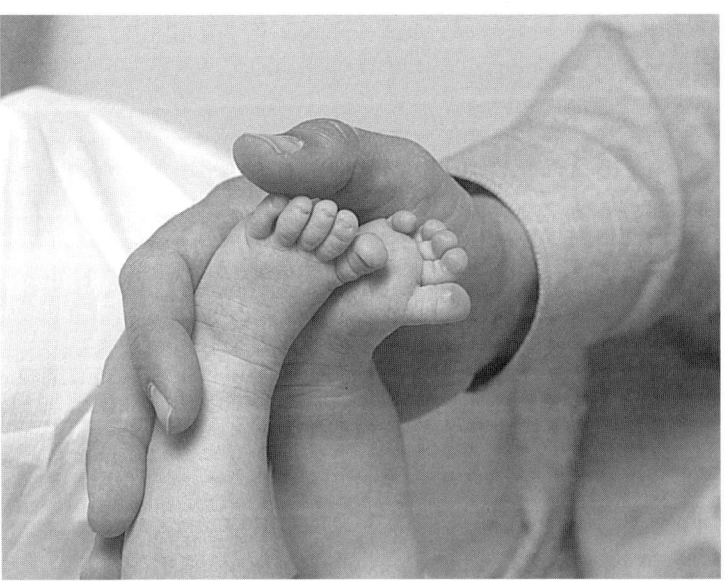

26

Insgesamt massiere ich jede Zehe dreimal.

Wenn ich bei der kleinen Zehe angelangt bin, beginne ich wieder bei der großen Zehe. Abschließend knete ich noch mit etwas festerem Druck das Fußgewölbe, die Ferse und das Sprunggelenk des Fußes.

Nach der Massage umfasse ich mit beiden Händen jeweils einen Oberschenkel und streiche mit meinen Händen das Bein abwärts bis über die Zehen hinaus. Hände kräftig ausschütteln. Das Ausstreichen wiederholen Sie dreimal. In der gleichen Art und Weise massieren Sie den anderen Fuß.

Dazu ein Kinderreim:

Himpelchen und Pimpelchen saßen auf einem Berg.
Himpelchen war ein Heinzelmann und Pimpelchen ein Zwerg.
Und nach 75 Wochen, da sind sie in den Berg gekrochen,
schlafen dort in stiller Ruh, sei mal leis und hör gut zu!

Kopfmassage 1

Massieren Sie zuerst die Kopfhaut, das Gesicht und die Lippen.

Im 1. Lebensjahr. Im Sitzen oder Liegen.

Dann ziehen Sie die Lippen leicht nach vorne und spitzen sie leicht zu. Streichen Sie nun die Lippen von der Mitte weg nach außen in Richtung Mundwinkel. Massieren Sie anschließend vom Kinn weg, den Zungenboden in Richtung Hals.

Zum Abschluss massieren Sie den hinteren Halsbereich, den Nacken und die Schultern mit sanften Bewegungen, indem Sie die Lippen leicht spitzen.

Kopfmassage 2

Das Kind liegt auf dem Rücken. Legen Sie Ihre beiden Hände so nebeneinander auf den Kopf des Kindes, dass die Stirn bedeckt ist.

Im 1. Lebensjahr. So beruhigen Sie übermüdete und weinende Kinder. Zusätzliches Summen wirkt Wunder.

Lassen Sie Ihre Finger langsam seitwärts über die Schläfen bis zu den Ohrspitzen hinabgleiten. Wiederholen Sie diese Massage dreimal. Dann benützen Sie für die gleiche streichende Bewegung Ihre Daumen. Führen Sie auch diese Bewegung dreimal aus.

Legen Sie Ihre geschlossenen Finger so an den Kopf, dass Ihre Daumen die Stirn oberhalb der Nasenwurzel berühren. Massieren Sie einige Minuten im Uhrzeigersinn die Stirn. Abschließend legen Sie eine Hand auf die Stirn und die andere auf den Bauch des Kindes. Die auf dem Bauch liegende Hand streicht langsam im Uhrzeigersinn über den Bauch. Die andere Hand führt sanfte vibrierende Bewegungen aus.

Hand-Finger Massage

Im 1. Lebensjahr. Nehmen Sie eine Hand des Kindes in die Ihre.

Massieren Sie die Mitte des Handtellers sanft mit Ihrem Daumen. Strecken und lockern Sie die Finger, indem Sie sie leicht zurückbiegen. Gleiten Sie mit Ihrer Hand langsam in Richtung Fingerspitzen. Umfassen Sie mit Daumen und Zeigefinger einen Finger, drehen Sie ihn einige Male leicht hin und her. Anschließend strecken und dehnen Sie die Finger sanft in die Länge. Diese Massage wiederholen Sie dreimal. Zum Abschluss massieren Sie nochmals die Handmitte so wie zu Beginn der Massage.

Tuben ausquetschen

Im 1. Lebensjahr. Diese Übung wirkt belebend.

Meistens endet diese Übung mit gegenseitigem Kitzeln und neuen Wortschöpfungen für Tubeninhalte. Ich gebe immer bekannt, welche „Tube" ich gerade ausquetsche. Bei diesen Übungen können Sie einander gegenüberstehen. Oder aber das Kind liegt rücklings auf einer weichen, angenehmen Unterlage.

Schütteln Sie Ihre Hand gut aus. Umfassen Sie nun mit beiden Händen einen Oberarm des Kindes. Drücken Sie ihn sanft zusammen, als wollten Sie eine Tube ausdrücken. Lassen Sie los. Suchen Sie sich eine neue Stelle etwas weiter unten. Wandern Sie so in Richtung Handgelenk.

Auch die Füße eigenen sich dafür.

Zungenbodenmassage

Ab 1 Jahr. Diese Massage wird unter dem Kinn durchgeführt.

Streichen Sie mit den Fingern in Richtung Hals und umgekehrt. Das Kinn wird dabei vorsichtig auf und ab, seitlich hin und her, vor und rückwärts bewegt. Dann klopfen Sie auf Lippen und Wangen. „Ziehen" Sie leicht an den Wangen. Üben Sie leichten Druck auf den Zungenboden aus.

Versuchen Sie, die Lippen des Kindes leicht aufeinander zu drücken. Während dieser Massage sollte das Kind den Laut „M" summen.

Baby – und Kindergymnastik

Das Baby liegt mit seitlich ausgebreiteten Armen auf dem Rücken. Ein Kleinkind sitzt mit dem Ihnen zugewandten Gesicht auf Ihrem Schoß.

Fassen Sie nun mit Ihrer Hand je einen ausgebreiteten Arm des Kindes. Führen Sie Hand und Arm in Richtung des kindlichen Herzens. Die kindlichen Finger berühren kurz das Brustbein; etwa in der Mitte. Führen Sie den Arm wieder in die ursprüngliche Position zurück. Nehmen Sie die andere Hand und tun Sie das Gleiche. Nehmen Sie jetzt beide Arme und wiederholen Sie dieses symmetrische Bewegungsmuster.

Jetzt lassen Sie Ihrer Phantasie freien Lauf. Bewegen Sie die Hände nach oben, unten, seitwärts; einseitig oder symmetrisch. Meine Kinder haben dieses Spiel mit sehr viel Lachen, Quietschen und Strampeln kommentiert.

Im 1. Lebensjahr. Am größten ist der Spaß an dieser Gymnastik während des Wickelns.

Wetterspiel

Diese Übung lässt sich am besten im Stehen durchführen. Jeder sucht sich mit seinem Partner einen Platz im Raum. Achtung, Sie brauchen viel Platz!

Der „passive" Partner schließt die Augen. Zuerst umweht ihn eine leichte Brise. Blasen Sie dem Kind leicht ins Gesicht, in die Haare, um den Kopf und den ganzen Körper herum, bis zu den Füßen hinab und wieder bis zum Gesicht hinauf. Dann beginnt es leicht zu tröpfeln. Tippen Sie mit Ihren Fingerspitzen vereinzelte Tropfen auf die Schädeldecke und den ganzen Körper. Der Regen wird stärker. Sie klopfen etwas heftiger als zuvor. Es gießt! Klopfen Sie noch etwas fester. Allmählich lässt der Regen nach. Zuletzt fallen nur noch vereinzelte Tropfen vom Himmel. Schieben Sie die Wolken mit groß ausholenden Armbewegungen vom Körper des Kindes weg.

Machen Sie kleinere Bewegungen vor dem Gesicht. Begeben Sie sich zu den Füßen des Kindes und fächeln Sie ihm mit großen Armbewegungen frische Luft zu. Umkreisen Sie den ganzen Körper des Kindes.

Ab 2 Jahre. Mindestens vier Teilnehmer. Diese Übung wirkt sehr belebend!

Berührungen vertiefen die Wahrnehmung

Auf den Rücken malen

Ab 2 Jahre. Material: Finger, Waschlappen, verschiedene Bürsten, Pinsel, Schwämme, verschiedenartige Stoffe, Federn, feines Sandpapier, Watte, Bauklötze etc.

Raphael kann, dank seines gut ausgebildeten Hautsinnes, Empfindungen auf der Haut deutlich wahrnehmen. Er unterscheidet genau, ob er etwas berührt oder ob er berührt wird. Er hat dafür sein persönliches Spiel erdacht. Meistens spielen wir dieses Spiel beim Schlafengehen:

Er legt sich dafür auf den Bauch. Dann bittet er mich, etwas auf seinen Rücken zu malen. Egal ob Zeichnungen, Buchstaben oder Ziffern. Er freut sich jedes Mal riesig, wenn er herausgefunden hat, was ich auf seinen Rücken gemalt habe.

Bei diesen Übungen achten Sie besonders auf den Mundbereich. Die Übungen können auch am ganzen Körper durchgeführt werden. Das Kind sitzt oder liegt vor Ihnen. Es versucht herauszufinden, wo es berührt wird. Entweder deutet es auf die berührten Stellen, oder es sagt, wo es berührt wurde.

Wo berührst du mich?

Ab 1 Jahr. Material: Waschlappen, Pinsel etc., siehe oben. Endet zumeist in einem fröhlichen Kitzelfest!

Nehmen Sie einen trockenen Waschlappen und streichen Sie damit um den gesamten Mundbereich des Kindes.

Als nächstes verwenden Sie beispielsweise einen Pinsel. Fahren Sie auch damit um den Mund und am Körper entlang. Achtung, das kitzelt manchmal.

Dann nehmen Sie einen warmen Wattebausch und tupfen damit auf eine Wangenseite. Anschließend verwenden Sie einen in kühleres Wasser getauchten Wattebausch und drücken ihn auf die andere Wangenseite. Nehmen Sie einen Bauklotz und versuchen Sie dasselbe.

Zum Schluss verwenden Sie die Finger, um Ihr Kind zu berühren.

Küsschen, Küsschen

Im 1 Jahr. Das Kind sitzt Ihnen mit geschlossenen Augen gegenüber.

Ein Küsschen, fein und klein,
wollt gern größer sein.
Dann blas ich mit Geschnauf
das Küsschen mächtig auf!

Hauchen Sie dem Kind ein Küsschen auf die Wange.
Machen Sie Ihre Wangen rund und geben Sie dem Kind ein dickes Küsschen.

Rühre, rühre, rühre Brei

Umfassen Sie ein Handgelenk des Kindes so, dass der Handteller dabei sichtbar wird. „Arbeiten" Sie mit Ihrer freien Hand, dem Vers entsprechend :

Im 1 Jahr. Das Kind sitzt auf Ihrem Schoß, das Gesicht Ihnen zugewandt.

Rühre, rühre, rühre Brei	*Zeichnen Sie mit Ihrem Zeigefinger kleine Kreise in den Handteller.*
und ein Stückchen Butter rein.	*Klopfen Sie mit Ihren Fingerspitzen ein bisschen Butter in den Brei.*

Spiele, Neckereien, Mäuse und andere Tiere

Kommt eine Maus,	*Krabbeln Sie das Handgelenk langsam hoch*
baut ein Haus,	*bis zum Ellenbogen und kitzeln Sie dabei den Oberarm weiter*
kommt eine Mücke,	*aufwärts,*
baut eine Brücke,	*seitlich am Hals,*
kommt ein Floh,	*am Ohr.*
macht er so!	*Springen Sie auf die Nase und kitzeln Sie dort weiter.*

Im 1 Jahr. Das Kind sitzt Ihnen gegenüber.

Bauchspaziergang

Es macht auf deinem Bauch
der Daumen krauch, krauch, krauch.
Der Zeiger kann es auch,
macht krauch, krauch, krauch,
der Mittlere suchts Loch im Bauch
macht da drinnen krauch, krauch, krauch
mitten in dem Nabel
wie mit dem großen Storchenschnabel.
Jetzt kommt der Ringer wie ein Schlauch
und kitzelt dich – krauch, krauch, krauch.

Im 1. Lebensjahr. Das Kind liegt vor Ihnen auf dem Rücken.

Der Kleine stolpert auf dem Bauch.
Er ist ganz klein.
Du bist es auch.
Jetzt kommen alle angerannt:
Daumen, Zeiger, Mittler, Ringer, Kleiner.
Fünf Finger hat ja meine Hand,
doch kitzeln tut nur einer:
Ich!
Helga Biebricher, Sibille Bauer

Badewannenspiele

Springbrunnen

Ab 1 Jahr. Material: Badewanne, Wasser, ein Becher Wasser.

Das Kind sitzt in der Badewanne. Es nimmt einen aus dem Becher in den Mund und versucht, das Wasser in einem schönen Bogen, ähnlich wie bei einem Springbrunnen, herausspritzen zu lassen.

Feuerwehrspritze

Ab 1 Jahr. Meine Kinder bespritzen einander, aber manchmal auch das gesamte Badezimmer.

Das Kind sitzt in der Badewanne. Es nimmt einen Schluck Wasser aus dem Becher. Es versucht, die Flüssigkeit in eine Wange zu pressen.

Tippen Sie mit Ihrem Zeigefinger auf die volle Wangenseite. Je stärker Sie drücken, umso mehr Wasser entweicht der Feuerwehrspritze in einem schönen Bogen.

Von Mund zu Mund

Ab 3 Jahre. Mindestens drei Teilnehmer. Material: ein kleiner Apfel.

Die Kinder sitzen im Kreis. Eines der Kinder umfasst einen kleinen Apfel mit den Lippen. Nun wandert der Apfel ohne Hilfe der Zähne von Mund zu Mund. Jeder Fehler macht sich sofort durch Bissspuren sichtbar. Wer den Apfel fallen lässt, bekommt von den anderen eine Aufgabe.

Wangenball

Ab 1 Jahr. Sie sitzen dem Kind gegenüber.

Das Kind steckt die Zunge zwischen Wange und Zähne, als ob es einen Ball im Mund hätte.

Tippen Sie nun mit dem Zeigefinger Ihrer Hand auf den „Ball". Dieser verschwindet daraufhin. Um gleich wieder aufzutauchen. Der „Ball" kann mehrere Male auf einer Seite oder auch abwechselnd links und rechts sichtbar werden. Ein Spiel, das sich beim Warten durchführen lässt.

Ab 3 Jahre.
Mindestens sechs
Teilnehmer. Material:
zwei Wäscheklam-
mern für jedes Kind.

Schneckenspiel

Die Kinder werden in zwei gleich große Gruppen geteilt. Die eine Mannschaft, die Schnecken, legt sich bäuchlings ins Gras oder auf den Boden. Die Schnecke schließt die Augen. Die Fänger haben die Wäscheklammern. Jeder Fänger versucht, sich unbemerkt einer Schnecke zu nähern. Wenn er nahe genug ist, steckt er ihr die Wäscheklammer auf. Bemerkt das die Schnecke, kauert sie sich zusammen – so, als wolle sie sich in ihr Haus zurückziehen. Sie streckt sich erst dann wieder, wenn sich der Fänger entfernt hat. Der Fänger muss sich eine andere Schnecke suchen. Wenn alle Schnecken gefangen sind, werden sie für die nächste Spielrunde zu Fängern.

Ursula Barff

Tiefensensibilität lässt sich fördern

Muskulatur, Tiefensensibilität und die Kunst, sich aufzurichten

Raphael brauchte lange, um sich von der Rückenlage in die Bauchlage zu drehen oder umgekehrt – insgesamt sechs Monate. Sobald er diesen Bewegungsablauf verinnerlicht (internalisiert) hatte, rollte er mit großer Geschwindigkeit durch die Wohnung (s. S. 10). Aufrichten konnte er sich nicht, denn seine Rückenmuskulatur war zu schwach.

Ich wusste, dass ein angemessener Muskeltonus erst durch das Stimulieren der Hautsinne (taktil und kinästhetisch) und des Gleichgewichtssinnes (Vestibulärsystems) zustande kommen kann. Erst dieser Tonus ermöglicht ein Aufrichten gegen die Schwerkraft, das Aufbauen von Haltemechanismen und das Koordinieren von Bewegungen.

Mit Hilfe der verschiedenen Stützübungen erwarb Raphael die nötige Muskelspannung und Muskelkraft. Seit damals unterscheidet er sicher zwischen drückenden und ziehenden Bewegungen. Die symmetrisch angeordneten Bewegungen und Bewegungsfolgen haben ihn beim Integrieren beider Körperhälften und beim Ausbilden der Körpersymmetrie unterstützt. Heute erfühlt er völlig automatisch die Stellung der einzelnen Körperteile und wo sie sich gerade befinden. Er weiß, ob und wie er sich bewegt.

Gewöhnlich ist für uns Menschen die Tiefenwahrnehmung selbstverständlich und zumeist unbewusst. Auch unsere Zunge besteht aus einem Muskel. Auch er will trainiert werden, damit später einmal Laute und Worte hörbar werden.

Krabbeln und Robben

Der physiologisch richtige Handstütz
Das Kind stützt sich auf die Handflächen beider Hände. Die Finger sind leicht gespreizt und gewölbt. Die Hände sind etwas in Richtung Körpermitte gedreht. Daraus ergibt sich ein leichtes Beugen der Ellbogen. Der Kopf befindet sich zwischen den Schultern in Mittelstellung.

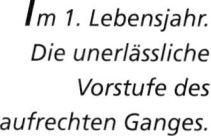

Im 1. Lebensjahr. Die unerlässliche Vorstufe des aufrechten Ganges.

Krabbeln im Vierfüßlerstand

Im 1. Lebensjahr. Material: Decken, Kissen, begehrtes Spielzeug.

Das Kind stützt sich auf Hände und Knie – Vierfüßlerstand. Der Rumpf ist von der Unterlage abgehoben; der Rücken ist gestreckt; der Kopf befindet sich zwischen den Schultern in Mittelstellung. Das Kind stützt sich automatisch im physiologisch richtigen Handstütz auf die Handflächen. Das Strecken des Handgelenks und das Öffnen der Hand beim Stützen fördert die natürliche Haltung für das Greifen und Tasten.

Im 1. Lebensjahr. Wettrennen der Vierfüßler!

Beim sogenannten kreuzkoordinierten Krabbeln leitet ein Arm die Bewegungen ein. Dann folgt das gegenüber liegende Knie. Die nicht stützenden Gliedmaßen werden vorgesetzt. Dieses Bewegungsmuster setzt sich mit der nun vorne liegenden Hand weiter fort.

Dieses Bewegungsmuster eignet sich für vielerlei Spiele. Ich habe mit meinen Kindern in der Wohnung wahre Krabbelwettrennen durchgeführt. Dabei bildeten die zu Gebirgen hochgetürmten Kissen und Decken oftmals die zu überkrabbelnden Hindernisse.

Robben

Im 1. Lebensjahr. Material: Eine schiefe tragfähige Ebene, z. B. ein breites Bügelbrett.

Raphael erlernte erst das Robben, dann das Krabbeln.

Das Kind liegt bäuchlings am oberen Ende der schiefen Ebene. Der Bauch ruht auf der Unterlage. Eine Hand liegt auf Schulterhöhe.

Die Handfläche liegt auf der schiefen Ebene auf. Sowohl der Unterarm als auch die Hand ruhen auf der Unterlage. Das dem aufgestützten Arm gegenüberliegende Bein wird abgewinkelt. Dadurch zeigt das Knie automatisch nach außen. Die Zehen stützen sich auf der Unterlage ab. Die anderen Gliedmaßen sind gestreckt. Der deutlich gehobene Kopf ist in Mittelstellung. Das Kind richtet seinen Blick ans Ende der schiefen Ebene. Dort befindet sich ein derzeit begehrtes Spielzeug oder eine Glocke als optischer oder akustischer Anreiz. Nun stützt sich das Kind auf den Unterarm und drückt sich gleichzeitig mit den abgestützten Zehen von der Unterlage weg.

Wenn Sie Hilfe geben, unterstützen Sie die Zehen, indem Sie Ihre Hand darunter legen. Bitte nicht mitschieben! Auch Ihr Kind schafft das allein!

Es zieht sich mit dem Arm weiter und schiebt sich gleichzeitig mit dem Rumpf vorwärts. Zum Schluss setzt es den Arm nach. Jetzt kann das gesamte Bewegungsmuster mit dem anderen Arm und dem zweiten Bein fortgesetzt werden. Die Atmung ist fließend.

Der Bewegungsablauf bleibt auch dann gleich, wenn das Kind die Rampe hinaufklettert. Beim Abwärtsrobben muss sich das Kind vermehrt auf den Armen gegen die Schwerkraft abstützen.

Spiele mit dem Physioball (Petziball)

Bäuchlings auf dem Physioball

Das Kind legt sich bäuchlings auf den Ball. Meine Kinder haben es besonders geschätzt, wenn sich das Ventil in ihrem Blickfeld befand. So konnten sie die Bewegungen auch optisch mitverfolgen.

Rollen Sie den Ball langsam, in kleinen Bewegungen, vor und zurück. Vergrößern Sie allmählich die Bewegungen. Und zwar so lange, bis das Kind mit den Händen oder den Füßen den Boden berührt.

Beim Vorwärtsbewegen übernimmt es sein Gewicht gleichmäßig mit beiden Händen. Beim Rückwärtsbewegen berührt es bei gleichmäßiger und gleichzeitiger Gewichtsübernahme mit der gesamten Fußsohle den Boden.

Allmählich werden die Ballbewegungen wieder kleiner, bis der Ball zum Stillstand kommt. Zum Abschluss ruht das Kind einige Sekunden auf dem Ball.

Ab 1 Jahr. Material: Für jedes Kind ein Physioball, der der Größe des Kindes angemessen ist.

Rücklings auf dem Physioball

Das Kind liegt in Rückenlage auf dem Ball. Die Füße hängen locker herunter. Die Arme werden über den Kopf gehoben. Die abgestützten Finger zeigen zum Ball, so wie beim Purzelbaum rückwärts. Sie versetzen den Ball wieder in kleine, allmählich größer werdende Bewegungen. Wieder berührt das Kind den Boden mit den Händen oder den Füßen. Bei dieser Übung müssen Sie den Ball behutsam und langsam rollen. Verkleinern Sie die Ballbewegungen, bis der Ball, das Kind und Sie wieder zum Stillstand kommen.

Ab 1 Jahr.

Sitzend auf dem Physioball

Das Kind sitzt aufrecht auf dem Ball. Die Beine hängen locker nach unten. Die Arme und Hände werden auf Schulterhöhe seitlich ausgebreitet. Der Betreuer kniet vor dem Kind. Er legt seine Hände auf die kindlichen Hüften und versetzt den Ball in kleine, kreisförmige Bewegungen.

Ab 1 Jahr. Raphael mochte auch diese an sich sehr schwierige Übung.

Das Kind versucht, dabei sein Gleichgewicht zu halten, ohne sich abzustützen. Nun werden die Kreise wieder kleiner, bis der Ball zum Stillstand kommt.

Anschließend bewegen Sie den Ball vor und zurück und hin und her. Auch jetzt versucht das Kind, sein Gleichgewicht zu halten.

Machen Sie eine kurze Pause, während der der Ball still steht. Versetzen Sie nun den Ball durch kräftiges Drücken nach unten in Auf- und Abwärtsbewegungen. Dieser Teil ist für das Kind sehr anstrengend und nur für eine kurze Zeitspanne angenehm. Als Betreuer müssen Sie jetzt auch auf die kleinste Abwehrreaktion achten.

Warnsignale:
Ihr Kind mag diese
Übung nicht.

Mögliche Abwehrreaktionen: Ballen der Hände zu Fäusten, Anspannen der Finger, Verändern der Atmung (Brust- statt Bauchatmung), Schließen oder Verkneifen des Mundes, Ändern des gesamten Muskeltonus, Ändern der Gesichtsfarbe, Abweichen des Kopfes von der Körpermittellinie etc.

Ballspielen mit dem Physioball

Ab 1 Jahr.

Das Kind steht schulterbreit, beinbreit vor dem Ball. Die Hände liegen im physiologisch richtigen Handstütz nahe dem höchsten Punkt des Balles. Auch hier bestand Raphael darauf, dass er das rote Ventil des Balles sehen konnte. Durch kurzes, kräftiges Antippen wird der Ball zum Springen gebracht. Anfangs wird dazu die ganze Handfläche benötigt. Sobald der Ball springt, reicht es, ihn nur mit den letzten Fingergliedern wieder auf den Boden zu prellen.

Reiten auf anderen Pferden
Hoppe, hoppe Reiter

Im 1. Lebensjahr.
Material: ein Stuhl
mit Lehne.

Sie sitzen aufrecht auf einem Sessel. Das Kind „reitet", Sie anschauend, mit aufgerichtetem Rücken auf Ihren Oberschenkeln.

Zum besseren Ausbalancieren sind die Hände des Kindes seitlich ausgebreitet; die Beine hängen seitlich herab; die Füße sind entspannt. Das Pferd beginnt leicht zu traben, sodass sich das Kind im Sitzen gut aufrichten kann. Die Freude am Mitgehen mit dieser Bewegung gibt viel Spannkraft im Rumpf. Als „Begleitmusik" für diese Übung eignen sich natürlich Reiterlieder wie z. B.:

Hoppe, hoppe Reiter,
wenn er fällt, dann schreit er.
Fällt er in den Teich,
find't ihn keiner gleich.
Fällt er in die Hecken,
fressen ihn die Schnecken.
Fällt er in den Graben,
fressen ihn die Raben.
Fällt er in den Sumpf,
macht der Reiter plumps.

oder:
Hopp hopp hopp zu Pferde,
wir reiten um die Erde.
Die Sonne reiter hinterdrein,
Wie wird sie abends müde sein!

Ab 2 Jahre.
Anfänger lernen auf
sanften Pferden. Das
gilt auch hier.

Das Kind übt mit geöffneten Augen. Wenn es will, darf es die Augen auch schließen. Dabei wird es rasch feststellen, dass es jetzt wesentlich schwieriger ist, das Gleichgewicht zu halten. Es muss sich vermehrt auf das Wahrnehmen verlassen. Deshalb soll der vom Betreuer durchgeführte Trab ja nur ein leichter sein – kein wilder Galopp. Die Bewegungen des Betreuers bleiben immer flüssig und gleichmäßig.

Am Ende des Hoppe-hoppe-Reiter-Spieles wird das Kind langsam, ohne Plumps, auf den Boden entlassen, sodass das Aufgerichtetsein und das Geradehalten noch einige Sekunden nachklingen kann.

„Reiten" auf einem Betreuer

Ab 1 Jahr.
Der Betreuer ist
im Vierfüßlerstand
auf dem Boden.

Das Kind sitzt mit aufgerichtetem Rücken auf dem „Pferd". Es blickt in die gleiche Richtung wie das Pferd, das leicht vor sich hin trabt. Das Kind versucht, durch Ausbreiten der Arme, also ohne sich festzuhalten, das Gleichgewicht zu halten.

Diese Übung lässt sich auch auf den Schultern eines Erwachsenen sitzend durchführen. Die Bezugsperson kann das Tempo wechseln oder unerwartet die Bewegungsrichtung ändern.

Schlängeln

Ab 2 Jahre. Material:
ein kleines Handtuch,
ein Sandsack. Diese
Manöver erfordern
große Wendigkeit.

Das Kind liegt auf dem Rücken; das Handtuch oder der Sandsack befinden sich unter dem Kopf; die Arme sind neben dem Körper ausgebreitet; die Ellenbogen liegen auf dem Boden; der Kopf ist in Mittelstellung; der Blick richtet sich auf die Decke. Ein Bein ist aufgestellt – die Fußsohle steht auf dem Boden. Nun stößt sich das Kind abwechselnd mit dem einen und dem anderen Fuß vom Boden ab. Es schiebt sich vorwärts – eine flüssige schlängelnde Bewegung entsteht.

Wenn einem Kind dieses Bewegungsmuster vertraut ist, macht das rasche Dahinschlängeln viel Spaß. Schlängeln sich mehrere Kinder durch den Raum, gilt es, einander ohne gegenseitige Berührung auszuweichen. Raphael schiebt sich manchmal noch heute so durch die Gegend.

So nimmt Ihr Kind sich selbst wahr

Sehen, Hören und Fühlen sind wichtig. Am wichtigsten aber ist es, sich selbst wahrzunehmen.

Worum geht es in diesem Kapitel?

- Fördern der Körperwahrnehmung
- Wahrnehmen des Spannungszustandes der Muskeln
- Spüren der beim Bewegen veränderten Muskelspannung an den Gelenken
- Bewusstwerden von Spannung und Entspannung
- Regulieren des Muskeltonus
- Verbessern der Bewegungskoordination
- Spüren von Druck- und Zugkräften, die auf den Körper einwirken
- Erleben der Schwerkraft
- Fördern kreuzkoordinierter Bewegungen
- Fördern des Gleichgewichtssystems
- Wahrnehmen von Bewegungsrichtung und Bewegungsgeschwindigkeit
- Automatisieren von Bewegungsabläufen
- Stärken der Mundmuskulatur
- Fördern der sprachlichen Entwicklung

Grundwahrnehmung, Bewegungssteuerung und Schreibenlernen

Das Wahrnehmen der veränderten Muskelspannung ist für das Dosieren und Steuern der Bewegung wichtig. Ganz besonders hörbar wird dieses exakte – oder eben nicht exakte – Steuern beim Sprechen. Damit der Gesprächspartner die Worte versteht, müssen Zunge und Mund äußerst präzise Bewegungen ausführen.

Wenn die Zunge „mitschreibt".

Seit seinem ersten Schuljahr sehe ich, wie leicht es Raphael fällt, sich auf das „Schönschreiben" zu konzentrieren. Viele seiner Kollegen sind völlig mit dem „Malen" der einzelnen Buchstaben beschäftigt und vergessen darüber das Wort, das sie schreiben sollten oder wollten. Manchmal beobachte ich ein Kind, das beim Schreiben den Kopf oder die Zunge mitbewegt – als wollte es mit dem Kopf die Buchstaben oder Zahlen schreiben. Dieses Kind hat die Formen von Buchstaben oder Zahlen optisch nur unzureichend erfasst. Das Mitbewegen des Kopfes bezeichnet man auch als „kinästhetisches Lesen".

Die „Figurgrundwahrnehmung" ermöglicht es, Gesehenes zu gliedern. Wir erkennen z.B. einen Tisch, ob er nun drei oder vier Beine,

42

ein einzelnes Mittelbein oder eine Art von Kufen hat — weil wir eine „Grundform Tisch" im Kopf haben. So erfolgt auch das Differenzieren unterschiedlicher Formen wie Buchstaben oder Zahlen, aber auch das Erkennen von Gegenständen, die nur teilweise zu sehen sind. Und so können wir Gesehenes in Bezug zu anderen Gegenständen und dem Hintergrund setzen.

Die visuelle Raumwahrnehmung informiert Raphael über vielerlei Dinge der Welt. Sindelar definiert die Figurgrundwahrnehmung oder Figurgrunddifferenzierung als visuelle Aufmerksamkeit, d. h. die Fähigkeit, aus all dem Gesehenen einzelne Elemente herauszufiltern – Gesehenes zu gliedern.

Die Tiefensensibilität ermöglicht es, auch ohne optische Kontrolle komplexe Handlungen – z. B. das Tragen eines Teddybären über Stufen – durchzuführen.

Tiefensensibilität und optische Kontrolle

Erst dieses scheinbar selbstverständliche Wissen macht es Raphael möglich, seine Empfindungen verbal auszudrücken. Viele einfachste Entwicklungsschritte waren notwendig, bis Raphael zu sprechen begann.

Mit dem Partner

Bim-Bam-Glocke
Sie stehen mit leicht gegrätschten Beinen fest am Boden. Das Kind steht mit dem Rücken zu Ihnen unmittelbar vor Ihnen. Greifen Sie unter den Armen des Kindes durch und verschränken Sie Ihre Arme vor dessen Brustkorb. Jetzt wird der „Klöppel" (Kind) hochgehoben. Gehen Sie in die Knie und heben Sie das Kind hoch. Jetzt kann es, wie der Klöppel einer Glocke, hin und her und vor und zurück schwingen.

Ab 2 Jahre. Achtung, diese Übung ist anstrengend!

Purzelbaum
Sie stehen einander gegenüber. Reichen Sie einander im Turnergriff die Hände. Das Kind steigt auf Ihre leicht gebeugten Knie und Oberschenkel aufwärts. Es versucht, so hoch hinauf zu kommen, bis es schließlich einen Purzelbaum schlagen kann.

Ab 2 Jahre. Beim Turnergriff umfasst jeder die Unterarme des Partners.

Druck und Zug

Fliegen, Teil 1

Ab 2 Jahre.
Meine Kinder lieben
diese Übung.

Sie stehen einander gegenüber und reichen einander im Turnergriff die Hände. Indem Sie die Handgelenke des Kindes umfassen, versuchen Sie, sich gemeinsam zu drehen. Sie werden erstaunt feststellen, dass das Kind tatsächlich durch die Luft fliegt.

Diese Übung verlangt von Ihnen ein gutes Steh- und Drehvermögen. Da der auf alle Arme ausgeübte Zug sehr groß ist, drehen Sie lieber nur kurz, dafür aber, so oft es allen Spaß macht.

Fliegen Teil 2

Ab 1 Jahr.

Das Kind liegt seitlich auf dem Boden. Fassen Sie es am freien – oben liegenden – Fußgelenk und an dem Ihnen näheren Handgelenk. Drehen Sie sich nun um die eigene Achse. Das von Ihnen gehaltene Kind beginnt zu fliegen.

Müller, Müller, Sackerl

Ab 2 Jahre. Material:
weiche Unterlage.
Meine Kinder kom-
mentieren den Flug
mit großem Gejohle.

Das Kind liegt mit über den Kopf gestreckten Armen auf dem Rücken auf einer weichen Unterlage. Je eine Bezugsperson steht am Fuß- und am Kopfende. Jeder ergreift die Fuß- bzw. (im Turnergriff) Handgelenke. Heben Sie das Kind so weit vom Boden ab, dass es hin und her schwingen kann. Während der letzten Liedzeile lassen Sie das Kind, das „Sackerl", kurz vor dem Scheitelpunkt der Bewegung los. Das Kind genießt einen kurzen freien Flug und überlässt sich dabei der Schwerkraft.

Müller, Müller, Sackerl – ist der Müller nicht zu Haus?

Tor zu, Riegel vor – schmeiß' ma's Sackerl hinters Tor!

Seilziehen

Ab 4 Jahre.
Mindestens sechs
Teilnehmer. Material:
ein Hanfseil, 8 m lang
und 3 cm dick.

Teilen Sie die Kinder in zwei Gruppen auf. Die beiden Gruppen stehen einander gegenüber. Die Kinder jeder Gruppe stehen so hintereinander, dass jedes Kind das Seil mit beiden Händen umfassen kann. Der Spielleiter markiert mit einem Band oder Klebestreifen die Seilmitte. Außerdem umgrenzt er das Spielfeld. Nun gibt der Spielleiter das Startkommando. Beide Gruppen versuchen, durch Ziehen am Seil die jeweils andere Gruppe über die Ziellinie zu sich her zu ziehen.

Scherenschleifen

Zwei Kinder stehen einander gegenüber. Sie reichen einander so die Hände, dass ein Kreuz entsteht. Nun stellt ein Kind den rechten Fuß vor und den linken zurück – Schrittstellung. Das andere Kind stellt sich so hin, dass Fußspitze an Fußspitze zu stehen kommt. Also linker Fuß nach hinten, rechter Fuß nach vorn. Nun wird springend gleichzeitig Fuß- und Handstellung durch „Ziehen" gewechselt. Es bewegt sich der nach vorn gestellte Fuß zurück und umgekehrt. Die Hände werden nach demselben Prinzip hin- und herbewegt. Mit zunehmender Bewegungssicherheit können die Kinder das Tempo selbstständig steigern.

Ab 4 Jahre. Mindestens zwei Teilnehmer. Diese Übung sollte anfangs nur langsam durchgeführt werden.

Tellerreiben

Je zwei etwa gleich große Kinder reichen einander im Turnergriff die Hände. Sie beginnen sich um eine gemeinsame Achse zu drehen. Das Tempo des Drehens bestimmen sie dabei selbst. Je schneller sie sich drehen, desto stärker wirken die Fliehkräfte auf die Körper.

Der Turnergriff ist gerade bei dieser Übung wichtig. Die Kinder spüren das langsame Auseinandergleiten der Hände sehr deutlich und sind dadurch auf das völlige Loslassen des Partners vorbereitet.

Ab 4 Jahre. Mindestens zwei Teilnehmer.

Vertrauensübung

Diese Übung kann auch, mit genügend Turnmatten am Boden, stehend durchgeführt werden. Die Kinder werden dabei rasch zweierlei feststellen: Auch das liegende Kind muss ein gewisses Maß an Körperspannung aufrecht erhalten, damit es weiter transportiert werden kann. Die Brückenbauer selber spüren je nach Standort unterschiedlichen Druck und Zug auf den eigenen Körper.

Die Kinder setzen sich paarweise im Fersensitz einander gegenüber und reichen ihren Partnern die Hände im Turnergriff. Ein Kind legt sich rücklings auf die dargebotenen Arme. Auf das Kommando des Spielleiters hin erheben sich alle Kinder möglichst gleichzeitig vom Fersensitz in den Kniestand. So entsteht eine kleine Brücke. Das liegende Kind soll nun von einem Brückenkopf zum anderen weiter geschoben werden. Dazu lässt das am Fußende kniende Paar die

Ab 4 Jahre. Mindestens zehn Teilnehmer. Material: Turnmatten.

Hände los, schiebt das liegende Kind in Richtung Brückenkopf und läuft zum Brückenanfang. Dort reichen die Kinder einander wieder die Hände. Das nächste Paar am Fußende verfährt wie das vorherige. So lange, bis alle Kinder zumindest einmal den Platz gewechselt haben.

Spiele mit der Doppelleiter

Ab 1 Jahr. Wagnis und Sicherheit – die optimale Mischung.

Meine Kinder waren und sind begeisterte Kletterer. Bereits als Einjährige gingen sie auf Kletter- und Erkundungstour. Meiner Erfahrung nach eignet sich eine doppelseitige Stehleiter ausgezeichnet. Natürlich setzt das voraus, dass Sie beim Klettern und Erkunden aufmerksamer Beobachter und Helfer sind. Beim Klettern selbst lege ich die Hände auf die Sprosse, die sich jeweils unter den Händen des Kindes befindet. Dazu greife ich unter den kindlichen Armen durch. Bei etwaigen Stürzen landen sie auf diese Weise sicher in meinen Armen.

Sehr lustig ist die große Abfahrt vom Rutschbrett. Sie bereitete meinen Kindern viel Spaß. Das Rutschbrett habe ich anfangs auf der untersten Sprosse eingehängt. Es ist ein ca. 20–25 cm breites, tragfähiges, festes, glattes Brett oder eine Turnerbank. Wenn Sie ein Brett benutzen, sollte sich an jedem Brettende eine Vorrichtung zum Einhängen auf der Leiter befinden.

Je sicherer sich das Kind fühlt, umso höher können Sie das Brett befestigen. Durch das Abbremsen nach dem Rutschen wird starker Druck auf die Füße ausgeübt. Beim Springen von der Leiter wird großer Zug auf die Arme ausgeübt.

Ab 1 Jahr. Weitermachen? Nur wenn das Kind sich sicher fühlt.

Überklettern

Das Kind klettert, Hand und Fuß kreuzkoordiniert bewegend, die Leiter hinauf und wieder herunter. So lange, bis es sich sicher fühlt.

Dann versucht es, vorerst mit einem Fuß auf die andere Seite der Leiter zu kommen. Es stützt sich dort ab, verlagert langsam unter Zuhilfenahme der Hände sein Gewicht, dreht sich langsam und zieht das zweite Bein nach. Nun geht es kreuzkoordiniert von Sprosse zu Sprosse abwärts, bis der Boden erreicht ist.

Aufstieg über das Rutschbrett

Bei meinen Kindern war das Rutschbrett ein Teil des hölzernen Kletterturms. Hängen Sie das Rutschbrett auf der untersten Sprosse ein. Das Kind krabbelt in Bärenstellung aufwärts bis zur Leiter, das heißt, dass es sich dabei auf Hände und Füße stützt. Die Füße und Hände sind nach vorne gerichtet. Der Kopf ist tiefer als das Becken. So wie beim Krabbeln im Vierfüßlerstand werden Hände und Füße kreuzkoordiniert

Ab 1 Jahr. Material: eine doppelseitige Leiter, ein Rutschbrett.

47

vorgesetzt. Bei der Leiter angekommen, erklimmt das Kind die Sprossen der Leiter; klettert hinauf, übersteigt die Leiter und klettert auf der anderen Seite wieder herunter. Je steiler das Rutschbrett eingehängt ist, desto schwieriger ist der Aufstieg. Wer ganz aufgerichtet ist, kann das Rutschbrett nur mit raschen, kleinen Schritten hinauflaufen.

Talfahrt auf dem Rutschbrett

Ab 2 Jahre. Material: eine doppelseitige Stehleiter, ein Rutschbrett oder eine Langbank.

Die Leiter wird aufgestellt und das Rutschbrett auf geeigneter Höhe eingehängt. Das Kind erklettert die Leiter. Es übersteigt sie und klettert bis zum Rutschbrett abwärts. Dort angelangt, hockt es sich hin, dreht sich langsam um und beginnt, talwärts zu rutschen. Raphael rutschte stehend, kniend, hockend, bäuchlings etc. Am besten geht das mit einer normalen Strumpfhose. Mit zunehmender Sicherheit wird das Kind die Talfahrt auch im Stehen ausprobieren wollen. Dazu muss es die Arme seitlich ausbreiten und in Schrittstellung stehen.

Absprung

Ab 3 Jahre. Material: eine doppelseitige Stehleiter, ein Rutschbrett oder eine Langbank.

Das Kind läuft mit raschen kleinen Schritten und seitlich ausgebreiteten Armen auf dem Brett bis zur Leiter hinauf. Es klettert hoch, übersteigt die Leiter und springt, ohne sich vorher umzudrehen, von einer beliebigen Sprosse der Leiter herunter.

Atmen

Seifenblasen

Ab 3 Jahre. Material: eine Flasche Seifenlösung für jedes Kind.

Jedes Kind darf nach Lust und Laune Seifenblasen erzeugen, sie wieder fangen oder mit den Händen zum Platzen bringen.

Kleine Blasmusik

Ab 2 Jahre. Material: eine Papprolle, ein Stück Transparentpapier und Gummiringe für jedes Kind.

Aus einer alten Küchenrolle oder WC-Papierrolle ist schnell ein Instrument gebaut. Über ein Ende wird ein Stück Transparentpapier gelegt und mit einem Gummiring befestigt. Wenn die Lippen an das gespannte Papier gelegt werden und dazu gesummt wird, klingt das wie eine professionelle Blasmusik.

Kammblasen

Die vorige Übung lässt sich auch gut mit einem Kamm durchführen. Legen Sie das Transparentpapier über die Zinken des Kammes und erzeugen Sie damit Musik. Wir haben eine ganze Kapelle damit ausgerüstet.

Ab 2 Jahre. Material: ein Kamm und ein Stück Transparentpapier für jedes Kind.

Puste-Reise

Jedes Kind bemalt die Hälfte seines Papierstreifens, wie es will. Damit das Bild steht, wird der Papierstreifen in der Mitte quer geknickt. Die Kinder sitzen nebeneinander an einem glatten Tisch und stellen ihre Papierstreifen vor sich. Jetzt gehts los: Jeder versucht auf das Kommando des Spielleiters hin, sein Bild durch Blasen so schnell wie möglich über den Tisch ins zuvor markierte Ziel zu bringen. Wer kommt dabei ohne Un(m)fall ins Ziel?

Ab 3 Jahre. Material: ein Papierstreifen für jedes Kind, Malutensilien. Ein Spiel für Kinderfeste!

Fliegende Hunde

Die beiden Joghurtbecher werden mit Hilfe von Papier, Filzstiften und Klebstoff fantasievoll zu Hunden umgestaltet. Dann wird die Schnur durch die Becher gefädelt. Sie wird von je einer Person am Ende gehalten und dadurch gespannt. Die Kinder krabbeln im Vierfüßlerstand und versuchen, den Becher von einem zum anderen Schnurende zu blasen. Die Hände dürfen nicht eingesetzt werden. Sieger ist das Kind, dessen Hund als Erster das andere Schnurende erreicht.
Ursula Barff

Ab 3 Jahre. Material: zweimal 3 m Drachenschnur (oder Ähnliches), zwei Joghurtbecher, Naturpapier in Braun, Klebstoff, Filzstifte, eine Stricknadel, vier Sessel.

Karpfenspiel

Schneiden Sie je 10 Fische aus gelbem, grünem, weißem und orangefarbenem Naturpapier sowie 10 größere rote Fische, die doppelt so viel zählen wie die anderen. Jeder Spieler erhält einen Strohhalm und einen Karpfenteich – ein blaues Papier.

Der vierte Teich kommt mit allen Fischen in die Tischmitte. Es wird reihum gewürfelt. Rot beginnt. Der Spieler saugt mit dem Strohhalm einen roten Karpfen aus dem Teich und versucht, ihn zu seinem Pappteller zu transportieren. Fällt der Karpfen vorher herunter, so muss er in den Mittelteich zurückgelegt werden. Der Nächste würfelt und

Ab 4 Jahre. Material: vier blaue Pappteller, drei Strohhalme, ein Farbwürfel, 50 Farbfische aus Naturpapier in Gelb, Grün, Weiß, Orange und Rot.

49

versucht, den Karpfen in seinen Teich zu bringen. Wird schwarz gewürfelt, so muss der Spieler einen bereits gefangenen Fisch wieder in den Teich zurückwerfen. Dies geschieht ebenfalls durch Ansaugen mit dem Strohhalm. Das Spiel ist zu Ende, wenn der mittlere Karpfenteich ausgefischt ist. Wer die meisten Karpfen in seinem Teich hat, ist Sieger.
Ursula Barff

Pipettenfläschchen

Ab 2 Jahre. Material: mindestens drei Flaschen mit Wasser, Wasserfarben, Papier, Strohhalm.

Füllen Sie die Flaschen mit unterschiedlich gefärbtem Wasser. Schrauben Sie eine Flasche auf. Drücken Sie das Gummihütchen der Pipette mit Daumen und Zeigefinger zusammen, sodass Wasser auf das Papier tropft. Nehmen Sie einen Strohhalm und verblasen Sie die Farbe. Die so entstehenden Bilder eignen sich wunderbar für Kartengrüße!

Sich sammeln

Ballbalance

Ab 2 Jahre. Material: ein Tischtennisball für jedes Kind. Eine sehr beruhigende Übung.

Das Kind liegt rücklings gerade ausgestreckt auf einer Decke am Boden. Die Füße sind entspannt. Das Kind nimmt den Ball zwischen die Fingerspitzen der Hände. Es versucht, ihn in die Mulde zwischen Nase und Stirn, also an der Nasenwurzel, auszubalancieren. Das gelingt nur bei wirklich gerade ausgerichtetem Körper. Sobald sich das Kind sicher genug fühlt, kann es Arme und Beine im Zeitlupentempo bewegen, ohne den Ball zu verlieren.

Teller jonglieren

Ab 2 Jahre. Material: ein Stab und ein Plastikjonglierteller für jedes Kind. Für diese Übung braucht man viel Platz!

Das Kind steht mit parallel ausgerichteten Füßen, schulterbreit/beinbreit. Die Zehen zeigen gerade nach vorne. Der Rücken ist aufgerichtet, der Kopf in Mittelstellung. Das Kind geht leicht in die Knie und spannt die Gesäßmuskeln an. Achten Sie darauf, dass sich das Becken in einer waagerechten Position, parallel zum Boden befindet. Der Mund ist entspannt. Der auf den Stab aufgesetzte Teller wird mit der freien Hand zum Drehen gebracht. Durch kleine kreisförmige Bewegungen des Stabes dreht sich der Teller gleichmäßig weiter. Natürlich kann das Kind den Teller auch direkt mit dem Stab andrehen. Ein bisschen Üben ist allerdings notwendig.

Anfangs knie ich hinter dem stehenden Kind und reiche ihm, indem ich unter dem kindlichen Arm hindurch greife, den sich bereits drehenden Teller. Das Kind nimmt den Stab oberhalb meiner Hand. Das Bewegungsmuster wird durch das gemeinsame Bewegen des Stabes erlernt. Fällt der Teller zu Boden, wird von Neuem begonnen. Achten Sie bei dieser Übung besonders darauf, dass der Atem weiterhin fließend ist.

So wirds gemacht.

Sich einstimmen und ankommen

Den eigenen Ton finden

Entspannt und doch aufrecht sitzen alle Kinder im Kreis. Die Arme und Schultern fallen locker. Unsere Hände bilden eine Schale für alles, was uns die Stille schenkt. Der Atem fließt ruhig und regelmäßig. Wir schließen die Augen, damit wir „ganz Ohr" sein können.

Ab 2 Jahre. Wir warten, bis es ganz still ist.

Auch durch das Spiel mit Tönen kommen wir der Stille näher. Wir sitzen entspannt im Kreis oder liegen am Boden. Die Augen sind geschlossen. Ruhig geht unser Atem ein und aus. Und ganz allmählich wecken wir beim Ausatmen einen Ton, der bis jetzt in uns geschlafen hat. Er wacht auf und wird zu einem leisen Summen. Weich spüren wir seine Schwingung im ganzen Körper. Jedes Kind findet „seinen" Ton. Da jedes seinen eigenen Atemrhythmus hat, ergibt sich ein farbiges Klangbild, das ununterbrochen tönt und uns einhüllt. Der Raum klingt – und wir mit ihm!

Es tut gut, den Ton immer wieder in einen anderen Teil des Körpers zu schicken. In Kopf, Hals, Arme, Brustkorb, Becken, Bauch oder Beine bis zum großen Zeh ... Wir lassen jedem Ton die Zeit, die er braucht, um dort anzukommen.

Nach diesem Töne-Spüren geben wir uns noch eine Weile der Stille hin und atmen tief ein und aus. Wir recken, dehnen und strecken uns. Dann stehen wir auf, schütteln Arme und Beine und reiben mit beiden Händen unseren Körper, bis er ganz wach ist.

Bin ganz Ohr

Ab 4 Jahre.

Refrain: Bin ganz Ohr und bin ganz still,
weil ich die Stille hören will.

1. Hör das Murmeln in dem Bach,
schau den Blätterschiffchen nach.

Refrain: Bin ganz Ohr …

2. Hör das Flüstern in den Zweigen,
Mücken tanzen ihren Reigen.

Refrain: Bin ganz Ohr …

3. Hör den Wind durch Gräser wehn,
kann die Wolken ziehen sehn.

Refrain: Bin ganz Ohr …

4. Trauerweide wäscht ihr Haar,
erzählt dem See, wies damals war.

Refrain: Bin ganz Ohr …

5. Ins stille Wasser fällt ein Stein
und zaubert Ring für Ring hinein.

Horch-Muschel

Ab 3 Jahre.
Das eigene Ohr
entdecken.

Kennen wir eigentlich unser Ohr? Haben wir es schon einmal ganz bewusst tastend und horchend wahrgenommen? Das ist eine ziemlich aufregende Geschichte!

Erst lassen wir unsere Finger hinter dem Ohr am Schädelknochen entlangwandern. Was fühlen wir, wie klingt es?

Dann erkunden sie die Ohrmuschel mit all ihren kleinen Erhebungen und Schlupfwinkeln bis zum Ohrläppchen. Wie klingt es jetzt?

Unsere Ohrmuschel ist tatsächlich eine Muschel, die nach innen führt. Wenn wir mit der Fingerspitze behutsam ins Innere dieser Muschel vordringen, hören wir bei jeder kleinsten Bewegung eine ganze Reihe von Geräuschen. Es lohnt sich, ein Weilchen mit diesem Instrument zu spielen!

Die schönste Überraschung jedoch entdecken wir, wenn beide Finger tief in den Ohren stecken und sich nicht mehr bewegen. Was hören wir dann?

Ein tiefes Rauschen … Der Klang der Stille?

Steig in mein Luftschiff

Ein Luftschiffer sein und ins Blaue schweben ... Wer würde das nicht ab und zu gern versuchen? Auf unserem Fantasieflug können wir vieles hinter und unter uns lassen. Mit seiner schwebenden Melodie ist der Refrain des Liedes eine musikalische Einladung an die Kinder, für ein paar Augenblicke Ruhe und Stille zu suchen. Ganz gleich, ob am Abend vor dem Einschlafen oder zur Entspannung zwischendurch am Tag. Wer sich angesprochen fühlt, folgt dieser Einladung und summt leise mit.

1. Steig in mein Luftschiff,
   steig in mein Luftschiff!
Refrain: Fliege mit mir, fliege mit mir!
2. Schwebend und leise
   ist unsre Reise.
Refrain: Fliege mit mir, fliege mit mir!
3. Hoch über Wälder,
   Wiesen und Felder.
Refrain: Fliege mit mir, fliege mit mir!
4. Siehst du die Berge,
   Spielzeug für Zwerge?
Refrain: Fliege mit mir, fliege mit mir!
5. Mach dich ganz schwer,
   es geht übers Meer!
Refrain: Fliege mit mir, fliege mit mir!
6. Winzige Schiffe,
   Inseln und Riffe.
Refrain: Fliege mit mir, fliege mit mir!
7. Schau, Wolkenschimmel
   reiten am Himmel!
Refrain: Fliege mit mir, fliege mit mir!
8. Sonne im Blau,
   strahlend hell, schau!
Refrain: Fliege mit mir, fliege mit mir!
9. Welten und Sterne
   leuchten von ferne!
Refrain: Fliege mit mir, fliege mit mir!

Ab 4 Jahre.
Die Luft wird immer reiner,
das wirre Erdgewühl wird alles klein und kleiner,
wird alles wie ein Spiel ...
Richard Dehmel

Ab 4 Jahre. Mein Luftschiff gestalten – zwei Variationen.

Am Boden liegen eine Reihe von Abbildern, die Luftschiffe zeigen. Während die Kinder sie anschauen, tauchen sicher Fragen auf.

Mit einem Tanzspiel kommen wir uns und dem Lied näher. Dazu malt sich zunächst jedes Kind ein kleines, buntes Luftschiff auf einen dünnen Karton. Anschließend wird es ausgeschnitten und an einen aufgeblasenen Luftballon gehängt. Seine Reise durch die Luft beginnt, wenn das Kind es auf den Fingerspitzen fliegen und schweben läßt. Leicht und schwerelos … Dazu summen oder singen alle gemeinsam den Refrain „Fliege mit mir!".

Ab 3 Jahre. Atem erfahren – so laden wir unsere Energie auf.

Der Wind, der Wind …

Der Wind spielt beim Fliegen eine besondere Rolle. Wir stellen uns vor, dass der Wind leise am Luftschiff entlangstreicht. Ffffff … Dazu brauchen wir nicht mehr als unsere Stimme. Diese Stimmgeräusche haben jedoch nicht nur mit Musik zu tun. Sie sind „verkörperte Atmung". Deshalb tut uns das Spiel mit Lauten auch gut. Denn sie versetzen uns in Schwingung und Vibration, wirken heilend und kräftigend.

Langsam wird durch die Nase eingeatmet. Dazu heben wir etwas den Kopf und beugen ihn leicht nach hinten. Dann lassen wir Kopf und Schultern beim Ausatmen langsam nach vorne sinken: „Ffffff …" Jedes Kind findet zu einem eigenen Atemrhythmus (etwa fünf- bis sechsmal).

Einfach so daliegen – bei sich ankommen

Du liegst auf deiner Decke. Sie ist warm und weich. Spürst du den Boden? Du schmiegst dich an ihn und ruhst dich aus. Obwohl du die Augen geschlossen hast, bist du ganz wach. Lass dir Zeit, bis du bequem liegst. Frage deinen Körper, ob er sich wohl fühlt oder ob ihn etwas einengt oder drückt, ein Gürtel oder eine Falte. Spür langsam den Körper entlang. Wo berührt er den Boden? Spür, wie dein Kopf, deine Arme, dein Rücken, deine Beine und Fersen in ihn hineinsinken. Kuschle dich ganz in den Boden. Du bist entspannt und schwer. Dein Atem fließt gleichmäßig und ruhig … Lass ihn ausruhen, deinen Körper. Deine Fantasie jedoch ist hellwach. Sie ist nun bereit, mit dir auf eine Reise zu gehen. Lass dich von ihr führen.

Ab 2 Jahre.
Material: eine Decke
für jedes Kind.

Ins Blaue schweben – mit der Phantasie auf Reisen gehen

Stell dir einen schmalen Weg vor. Du läufst ihn entlang, bis du zu einer weiten Wiese kommst. Dort siehst du es – das große bunte Luftschiff. Barfuß rennst du über das weiche Gras geradewegs auf das Luftschiff zu. Wie groß und schön es ist! Schau es dir ganz genau an … Lauf ruhig mal um das Luftschiff herum. Seine durchsichtigen Wände sind gespannt. Ein leichter Wind streicht darüber.

Jetzt steigst du ein. Such dir den schönsten Platz, wo du alles um dich herum sehen kannst. Lehn dich zurück und mach es dir bequem. Du schnallst dich an – und weißt, du bist ganz sicher während dieser Fahrt ins Blaue.

Schon hörst du den Motor leise summen. Der Motor, das ist deine eigene Stimme. Sie gibt unserem Luftschiff Auftrieb. Suche dir irgendeinen Ton … vielleicht ein „a", ein „e", ein „i" oder ein „u" … Du singst ihn leise, während dein Atem ausströmt. Versuch es mal – und du wirst sehen und spüren, dass das Luftschiff langsam abhebt … Es geht hoch … Immer höher … Jetzt, wo du schwebst, braucht das Luftschiff keinen Motor mehr. Der Wind trägt es mit sich fort. Hörst du, wie er leise singt? Sonst ist es ganz still hier oben. Jetzt entdeckst du eine kleine Klappe neben dir. Du öffnest sie und wirfst allen Ballast hinunter, alles, was dich bedrückt, was auf dir lastet oder dir Kummer und Sorgen macht …

Ab 3 Jahre.
Material: eine Decke
für jedes Kind.

Sich näher kommen

Füße verwöhnen, Füße wahrnehmen

Sie gehen jeden Weg mit uns, tagein, tagaus … aber meist in Schuhen und Strümpfen, unbeachtet, übersehen – unsere Füße. Es tut gut, sie ab und zu in die Hand zu nehmen.

Ab 1 Jahr.
Diese Massage der
Reflexzonen weckt
nicht nur die Füße,
sondern den ganzen
Menschen.

Dazu sitzen wir aufrecht und entspannt, sodass wir einen Fuß bequem mit den Händen umfassen können. Wir erkunden mit den Fingerspitzen unsere Zehen, den Ballen, die Sohle, die Ferse … Wo sind raue, wo zarte Stellen? Wo kitzelt es? Langsam lassen wir den Fuß kreisen und bewegen die Zehen nach allen Richtungen. Vorsichtig ziehen wir ein bisschen an den Gelenken. Dann beginnen wir unseren Fuß zu massieren, zu drücken, zu kneten. Mit den Knöcheln unserer Faust bearbeiten wir die Sohle so sanft oder fest, wie es uns gut tut. Anschließend wird der letzte Rest von Müdigkeit in Richtung der Zehen ausgestrichen. Wie fühlt sich unser Fuß nun an, wenn wir stehen? Wärmer, größer, wacher als der andere? Spüren wir mehr Verbindung zur Erde?

Anschließend ist der andere Fuß an der Reihe.

Tast-Weg

Ab 2 Jahre.
Mit den Füßen
„sehen".

Mit „wachen" Füßen gehen ist ein besonderes Vergnügen, vor allem, wenn wir barfuß sind. Dann beginnen sie wieder zu fühlen und zu spüren, ja sogar zu „sehen". Vor allem wenn wir den Sehsinn ausschalten und die Augen schließen, können uns Füße vieles über den Weg erzählen, den sie gerade gehen.

Wir können unsere Füße raten lassen, was da am Boden liegt – ein Bleistift, eine Kastanie, ein Kuscheltier, ein Stein, ein Tannenzapfen …? Eine Stille-Übung ganz besonderer Art ist ein Tastweg, den wir aus verschiedenen Materialien legen. Schritt für Schritt „erzählen" die Füße, was sie spüren. Ist es rauh, feucht, warm, glatt, hart oder weich?

Weg-Bilder

Ab 3 Jahre.
Das Erlebte malen.

Welche Stelle des Weges war besonders schön? Wo wärst du gern geblieben? Wo wärst du am liebsten umgekehrt? Was hast du auf der Waldwiese erlebt?

56

Ohne zu sprechen, malen die Kinder ihre spontanen Erinnerungen an den Traumweg. Falls das Schweigen schwer fällt, summen wir leise den Refrain des Liedes – oder hören ruhige Musik. Nachher nehmen wir uns Zeit zum Erzählen.

Tanzen möcht ich

Jedes Kind bekommt ein kleines Instrument. Eine Rassel (gefülltes Filmdöschen), ein Glöckchen, eine Musikkugel oder ein Schellenband (aufgefädelte Glöckchen, Ringe und andere klingende Dinge). Wer die Hände beim Tanzen frei haben möchte, steckt sich das Instrument einfach in die Hosentasche, es wird trotzdem bei jeder Bewegung klingen. Die Schellenbänder werden um Hand- und Fußgelenke gebunden oder am Gürtel festgemacht.

Ab 3 Jahre. Ein Tanzspiel mit Klängen.

Ehe das Tanzspiel beginnt, schließen wir die Augen und erinnern uns an die Waldwiese, von der unser Lied erzählt. Dabei stehen wir locker und entspannt da und versetzen uns in Gedanken an diesen wunderschönen Ort: Sonnenstrahlen wärmen unsere Haut, es duftet nach Gras und Blumen. Die Luft ist erfüllt von den Liedern der Vögel …

Überall ist Bewegung, die Schmetterlinge tanzen mit den Blumen, der Wind mit den weißen Wolken am Himmel, die Blumenfee mit dem Zwerg – und der Froschkönig lässt seinen gläsernen Ball hüpfen … Er wirft ihn uns zu. Wer ihn auffangen will, öffnet die Augen und beginnt zu tanzen.

Einmal verwandeln wir uns in den kleinen Zwerg, wirbeln, stampfen, schütteln uns. Dann wieder in die schwebende Blumenfee oder den hüpfenden Froschkönig. Dabei entsteht eine lustige Musik, denn jede Bewegung bringt die kleinen Instrumente zum Klingen.

Ein Zauberklang (Gong, Zimbel …) läßt schließlich Ruhe einkehren. Außer Atem gekommen, lassen wir uns auf einer Decke nieder und schließen die Augen. Wir spüren, wie schnell unser Puls jagt. Wärme und Energie durchfluten unseren Körper bis in die Finger- und Fußspitzen. Allmählich jedoch wird unser Atem ruhiger. Gedanken kommen und gehen. Es wird still in uns …

Ehe wir aufstehen, vergessen wir nicht, tief durchzuatmen, uns zu recken und zu strecken. Wir sind entspannt und erfrischt!

Ich bin die klare Quelle

Ab 4 Jahre. Willst du das Tropfenkind auf seiner großen Reise zum Meer begleiten?

Ich bin die klare Quelle,
komm, fließe fort mit mir.
Wir hüpfen über Steine,
du bist ein Teil von mir.

Refrain: Komm, kleiner Wassertropfen,
ich nehm dich mit zum Meer.
Wir wachsen und wir fließen,
ich mag dich sehr.

Ich bin der kleine Bach,
komm, fließe fort mir mir.
Wir schlängeln uns durch Wiesen,
du bist ein Teil von mir.   Refrain

Ich bin der blaue Fluss,
komm, fließe fort mit mir.
Durch Brücken, Täler, Städte,
du bist ein Teil von mir.   Refrain

Ich bin das große Wasser
und warte auf den Fluss.
Er fließt und wächst und fließt,
weil er heimkommen muss.   Refrain

Das Lied begleitet und führt das Kind auf seiner Fantasiereise. Nachdem es verklungen ist, vergessen Sie nicht, das Kind wieder „zurückzuholen". Es atmet dabei noch einmal tief ein und aus, es reckt und streckt sich, schüttelt Arme und Hände, Beine und Füße aus – und kehrt entspannt und erfrischt wieder in die Wirklichkeit zurück.

Nachher nehmen wir uns Zeit, damit jedes Kind malen oder erzählen kann, was es alles erlebt oder gesehen hat.

Gut ausbalanciert und im Gleichgewicht

Das Finden der eigenen Balance ist die Voraussetzung für harmonische Bewegungen.

Worum geht es in diesem Kapitel?

- Stimulieren des Gleichgewichtssystems
- Festigen der Stabilität des Körpers
- Verstärken von Gleichgewichtsreaktionen
- Fördern der Körperbeherrschung

Gleichgewichtssinn, Tiefensensibilität und die Lust am Karussellfahren

Am Spielplatz liebt Raphael das Karussell. Je schneller er sich drehen kann, desto ausgelassener wird seine Stimmung. Er freut sich nicht nur am Drehen, er erfreut sich auch am Schwindligwerden.

Auge und Gleichgewicht.

Das genaue und richtige Zusammenarbeiten des Gleichgewichtssinnes und der Tiefensensibilität ermöglicht die Kontrolle von Augenbewegungen. Dadurch kann er mit den Augen einem sich bewegenden Gegenstand zu folgen. Rund 80 % der Informationen, die zum Halten einer Position notwendig sind, liefert das Auge. Durch das Zusammenspiel der Hals- und Augenmuskulatur werden kleine und kleinste Kopfbewegungen ausgeglichen. Damit bleibt ein stabiles Gesichtsfeld erhalten.

In Raphaels Klasse befindet sich ein Kind mit schlecht arbeitendem Gleichgewichtssystem. Erst nach langen Untersuchungen war klar, dass viele Probleme daher stammen, z. B. das Problem, mit den Augen einer Buchstabenreihe zu folgen.

Das Gleichgewichtssystem befindet sich im Ohr und arbeitet eng mit dem akustischen System zusammen. Die Voraussetzung für die Herausbildung von Sprachverständnis und für die sprachliche Entwicklung ist das intakte Gehör. Erst dies ermöglicht es, den Bezugspersonen zuzuhören. Zusätzlich ist die Rückmeldung der eigenen produzierten Laute für die sprachliche Entwicklung wichtig. Mitunter kommt es – trotz intaktem Gehör – zu Verzögerungen beim Spracherwerb. Die Ursache könnte eine unzureichende Zusammenarbeit dieser beiden Systeme sein. „Kinder mit bestimmten Gleichgewichtsstörungen sind in ihrer Sprachentwicklung verlangsamt, obwohl die Sprache, wenn sie erst einmal kommt, oft „normal" ist". (A. Jean Ayres, S. 91/1984)

Bewegungen über die Längsachse des Körpers

Rollen auf der Wiese oder am Boden

Das Kind liegt mit über den Kopf gestreckten Armen und ausgestreckten Beinen auf der Wiese. Durch Drehen des Rumpfes, des Kopfes, der Arme und kurz darauf der Beine versucht das Kind, auf der Wiese zu rollen. Manche Kinder legen auch ein Bein über das andere und ziehen sowohl Hüfte als auch den Rumpf nach und drehen sich so. Das Ziel der Übung ist ein gleichmäßiges flüssiges Rollen. Das Kind soll und darf die Richtung nach Belieben wechseln.

Wie wäre es mit einem kleinen Wettrollen? So habe auch ich mich gerne von einem Hügel herunter gekugelt.

Im 1. Lebensjahr. Material: Kleidung, die schmutzig werden darf. Eine Wiese, möglichst mit einem leichten Hügel.

Rollen am Boden

Die Übung verläuft so wie die oben beschriebene. Doch rollt das Kind jetzt über Decken und Hindernisse in der Wohnung.

Im 1. Lebensjahr. Material: Decken, Kissen, Bügel- oder Nudelbretter, die zu einer schiefen Ebene gebaut werden.

Bewegungen über die Querachse des Körpers

Purzelbaum vorwärts

Das Kind steht vor der Matte. Es beugt den Oberkörper vor, sodass die Hände im physiologisch richtigen Handstütz in Schulterhöhe auf der Matte ruhen. Die Finger weisen dabei in die Bewegungsrichtung. Das Kind schaut zwischen den Beinen durch. Es setzt den Kopf auf die Matte. Durch das Abheben der Fersen vom Boden und das Strecken der Beine wird die Rollbewegung eingeleitet.

Ab 1 Jahr. Material: Turnmatten.

Purzelbaum rückwärts

Das Kind liegt rücklings, mit ausgestreckten Beinen auf der Turnmatte. Es stellt die Beine auf. Dann hebt es die Arme über den Kopf und stützt sie schulterbreit neben dem Kopf ab. Die abgestützten Handflächen zeigen dabei in gerader Linie zu den Schultern. Durch Heben, Strecken und Aufsetzen der Beine hinter dem Kopf wird die Rolle rückwärts eingeleitet.

Ab 1 Jahr. Material: Turnmatten.

Henkelsalto

Ab 2 Jahre.
Material: Turnmatten,
zwei Helfer.

Die Helfer stehen – schulterbreit, beinbreit, eine Armlänge voneinander entfernt – auf der Turnmatte. Sie stehen nebeneinander und stützen den zur Mitte zeigenden Arm auf der eigenen Hüfte gut ab. Eine Öffnung entsteht. Das Kind steht in einiger Entfernung. Es läuft auf die beiden Helfer zu, streckt seine Arme durch die dargebotenen „Henkel" der Betreuer hindurch und macht eine Rolle vorwärts in der Luft.

Weitere Übungen

Im 1. Lebensjahr: Sich-Eindrehen auf dem Reifen oder auf einer Schaukel.
Ab 2 Jahre: Karussell fahren.

Schaukeln und Schwingen

Ab 2 Jahre. Material:
ein Satz Ringe zum
Einhängen, Turn-
matten als Unterlage.

Schwingen mit den Ringen

Das Kind steht unter den Ringen. Die Höhe ist auf das Kind abgestimmt. Es kann frei schwingen. Das Kind ergreift die Ringe und erkundet alle Möglichkeiten beim Schwingen.

Springen von den Ringen

Ab 3 Jahre. Material:
ein Satz Ringe zum
Einhängen, Turn-
matten als Unterlage.

Das Kind schwingt mit den Ringen, so hoch es möchte. Kurz vor dem Scheitelpunkt der Bewegung lässt es die Ringe los. Hat es den Zeitpunkt des Abspringens richtig gewählt, so setzt sich der Schwung der Bewegung fließend fort. Hat es zum falschen Zeitpunkt losgelassen, werden Arme und Brustkorb nach hinten „gerissen". Beim wirklich freien Flug ist das Kind auch auf die Landung gut vorbereitet. Bei der Landung selbst berühren zunächst die Zehenspitzen den Boden. Das Kind sollte den Flug richtig genießen und sich dabei vollkommen der Schwerkraft überlassen.

Weitere Übungen

Ab 3 Jahre: Klettern auf der Strickleiter.
Ab 1 Jahr: Schaukeln auf Wipptieren.

Auf und ab

Fuchs

Der „Fuchsschwanz" wird durch die Sicherheitsnadel mit dem Gummiband verbunden, das jedes Kind sich um den Bauch bindet. Der „Fuchsschwanz" ist am Rücken.

Ab 2 Jahre. Material: ein Gummiband, ein „Fuchsschwanz" und eine Sicherheitsnadel für jedes Kind.

Jetzt verwandelt sich jedes Kind in ein Pelztier mit Schwanz. Die Aufgabe besteht darin, durch Wedeln, Hüpfen und Springen die pelzige Verlängerung der Wirbelsäule in Bewegung zu halten.

Der buschige Schwanz bewegt sich auch beim Gehen auf allen Vieren gleichmäßig. Dazu müssen die Pfoten ganz weich aufgesetzt werden.

Bei all diesen Gangarten bleiben die Bewegungen fließend.

Weitere Übungen

Ab 1 Jahr: auf dem Physioball
Ab 2 Jahre: am Trampolin sitzend, stehend, hüpfend, knieend
Ab 1 Jahr: Wippen auf Wipptieren
Ab 4 Jahre: Springen über das Seil
Ab 3 Jahre: Luftburghüpfen
Ab 3 Jahre: Sackhüpfen

Sich aufrichten

Reiten

Jedes Kind nimmt im Reitersitz auf seinem Sessel Platz. Es sitzt auf den zum Sitzen gedachten Sitzbeinhockern. Der gesamte Körper richtet sich darüber auf. Der Kopf ist in Mittelstellung.

Ab 2 Jahre. Material: ein Sessel für jedes Kind, Rhythmusinstrumente, ein Kassettenrecorder mit Liedern, die die Kinder mögen.

Die Musik setzt ein. Jedes Kind versucht, sich im Rhythmus der Musik wie in einem leichten Trab auf- und abzubewegen.

Aber Achtung, kein Pferd schätzt es, wenn ihm der Reiter ins Kreuz fällt!

Mit einiger Übung findet jedes Kind auch die richtige Fußhaltung heraus.

Skilaufen

Ab 2 Jahre. Material: ein Paar Ski = Vierkanthölzer für jedes Kind. Die Hölzer haben 4 cm Durchmesser und eine glatte Oberfläche und sind 50 cm lang.

Jedes Kind erhält ein Paar „Ski". Es steigt darauf. Dabei steht, so wie beim richtigen Skilaufen, der ganze Fuß auf dem Ski. Die Zehen zeigen in Richtung Skispitze. Zum besseren Balancieren werden die Arme seitlich neben dem Körper ausgebreitet. Die Hände sind entspannt. Durch Gewichtsverlagerung und Ausüben von Druck auf den Ski versucht es, den Standort zu verlassen und Ski zu laufen. Das Ziel ist eine gleichmäßige und flüssige Fortbewegung.

Wenn mehrere Kinder mitmachen, können sie auch Bögen fahren und einander ausweichen. Ein richtiges Skirennen findet statt, wenn eine Uhr und ein paar Tore vorhanden sind.

Gehen auf der Linie

Ab 3 Jahre. Material: eine 2 m lange Schnur.

Die Schnur wird so auf dem Boden befestigt, dass sie eine gerade Linie bildet. Die Aufgabe besteht darin, Fuß vor Fuß setzend auf der entstandenen Linie entlangzugehen. Dazu breitet das Kind seine Arme am besten seitlich aus.

Wenn das Kind sicher genug ist, kann es verschiedene Gegenstände mit auf die Reise nehmen. Um den Schwierigkeitsgrad der Übung zu erhöhen, können Sie auch Ellipsen, Achten, Schleifen oder Buchstaben legen. Wenn Sie mehrere Schnüre zur Verfügung haben, auch den eigenen Namen.

Hocker und Reifen

Ab 3 Jahre. Material: ein Hocker mit Querstreben für jedes Kind, ein kleiner Reifen.

Kinder und Hocker bilden einen Kreis. Jedes Kind dreht seinen Hocker um, steigt auf die Querstreben des Hockers und versucht, sich dort im eigenen Tempo und der eigenen Zeit aufzurichten. Die Füße zeigen in die Kreismitte. Arme und Hände baumeln entspannt neben dem Körper. Der Kopf ist in Mittelstellung. Jedes Kind versucht, nur einfach ruhig zu stehen.

Ein Kind erhält den Reifen. Dieser wandert von einem Kind zum anderen.

Diese Übung eignet sich auch als Kennenlern-Übung. Die Kinder sagen, sobald sie den Reifen in Händen halten, ihren Namen. Beim Weitergeben schauen sie den/die Nachbarn/in an.

Kochlöffellauf

Jedes Kind legt seinen Ball auf seinen Kochlöffel und versucht, zunächst nur still stehend, den Löffel samt Ball mit einer Hand zu balancieren.

Fühlt es sich sicher genug, beginnt es langsam zu gehen. Eine zuvor festgelegte Strecke kann durchgangen werden.

Diese Übung verlangt viel Konzentration. Das Ziel der Übung ist ein flüssiges entspanntes Fortbewegen. Auch die freie Hand ist entspannt.

Je kleiner das Kind, desto kürzer sollte der Kochlöffel sein. Ungeschickte Kinder halten den Kochlöffel mit beiden Händen fest.

Ab 4 Jahre. Material: ein großer Kochlöffel und ein Ball (Kartoffel, Orange, Zitrone) für jedes Kind.

Transporter

Jedes Kind wählt sich einen Gegenstand, den es sich auf den Kopf legt. Während es zu gehen versucht, soll der Gegenstand liegen bleiben.

Bei dieser Übung werden auch krumme Rücken ganz von selbst gerade. Für kurze Zeit, scheint es, „ruht" die Last förmlich auf dem gestreckten Bein, das dabei die Körperachse bildet. Das Finden der Körpermitte geschieht ohne großes Zutun.

Das Ziel der Übung ist eine flüssige, entspannte Fortbewegung. Auch Hände und Mund verraten dabei keinerlei Anspannung.

Ab 3 Jahre. Material: für jedes Kind ein Gegenstand, der auf dem Kopf getragen werden kann, z. B. ein Brotkorb, Blumentopf, Sandsack, Leinsamenball etc.

Kleine Artisten

Hockerbalance

Die Hocker werden umgedreht und in einer Reihe aufgestellt. Jedes Kind versucht, in seinem Tempo und in seiner Zeit über die Querstreben der Hocker zu gehen. Dazu breitet es die Arme seitlich aus. Bei jedem Schritt vorwärts suchen sich die Füße tastend neuen Halt. Das Kind ist gezwungen, sich bei jedem Schritt neu auszubalancieren.

Ziel ist es, ohne „abzusteigen" das andere Ende der Hockerreihe zu erreichen. Es gewinnt also nicht der Schnellste, sondern derjenige, der sich am sichersten bewegt.

Ab 3 Jahre. Mindestens zwei Teilnehmer. Material: ca. zehn Hocker.

Schubkarre fahren

Raphael besaß eine kleine blecherne Schubkarre, mit der er in großer Geschwindigkeit durch die Wohnung sauste. Um die Sache etwas schwieriger zu gestalten, legte er sein Lieblingsspielzeug in die Schubkarre. Anschließend kurvte er damit herum. Das Spielzeug soll in der Schubkarre bleiben. Die Last über dem Rad auszubalancieren verlangt die ganze kindliche Aufmerksamkeit. Knie und Füße werden automatisch zielgerichtet in die Bewegung einbezogen.

Ab 2 Jahre. Material: eine Kinderschubkarre, ein Ball.

Balancieren auf der Hühnerleiter

Die Hocker werden so aufgestellt, dass je ein Ende der Hühnerleiter gut aufliegt. Das Kind versucht, über die leicht federnde Leiter zu gehen. Zur besseren Balance werden die Hände seitlich ausgebreitet. Im Turnsaal eignet sich auch eine umgedrehte Bank. Sie hat aber den Nachteil, dass sie nicht federt.

Ab 3 Jahre. Material: zwei Hocker, eine Hühnerleiter: ein ca. 20 cm breites, federndes Brett in beliebiger Länge mit dünnen Querteilungen.

Haben Sie all das nicht zur Verfügung, lassen Sie das Kind auf ausgewählten, ruhigen Straßen auf der Gehsteigkante gehen. Vielleicht finden Sie eine schmale Baumeinfassung, auch kleine Mauern können sich gut für diese Übung eignen.

Übung mit dem Band

Jedes Kind erhält einen Stab mit einem Krepppapier-Band und sucht sich einen Platz im Raum. Der Stab wird nach Belieben bewegt. Es darf auch gelaufen werden.

Ab 2 Jahre. Mindestens zwei Teilnehmer. Material: ein Holzstab von maximal 35 cm Länge und 1,5–2 cm Durchmesser, ein Meter Krepppapier, evtl. ein Hocker für jedes Kind.

Am schönsten schwingt es jedoch von einem erhöhten Platz aus. Dazu eignen sich umgedrehte Hocker mit Querstreben am besten. Durch das Steigen auf die Querstreben wird die Fußmuskulatur stark beansprucht. Die Zehen zeigen bei dieser Übung nach vorne.

Das Kind nimmt nun automatisch eine aufgerichtete Körperhaltung ein. Je stabiler die Unterlage, desto weniger muss sich das Kind aufrichten.

Stufen der Bewegungsplanung

Finger, Hand und Fuß mussen sich gezielt und koor-diniert bewegen, damit das Zusammenspiel gelingt.

Worum geht es in diesem Kapitel?

- Beweglichkeit von Händen und Füßen
- Finger- und Handgeschicklichkeit
- Sprachmotorik
- Auge-Hand- und Auge-Fuß-Koordination
- Rechts-Links-Orientierung
- das Planen von Bewegungen und das Beibehalten eines vorgegebenen Rhythmus
- Raumorientierung

Erfahrungen, Tiefensensibilität und der gezielte Griff nach dem Stift

Die Berührungsempfindungen und die Eindrücke der Tiefensensibilität verbindet das Gehirn zu komplexen Sinneseindrücken.

So ertastet Raphael beispielsweise die dreidimensionale Form eines Gegenstandes. Ohne hinzusehen, kann er einen Stift ergreifen. Um das zu tun, müssen sich seine Finger strecken. Allein dazu müssen sich Dutzende von Muskeln zusammenziehen. Nur so wird sich seine Hand auf den Stift zu bewegen und ihn schließlich umfassen.

Jede, auch noch so kleine Bewegung erfordert die koordinierte Aktivität zahlreicher Muskeln. Dieses Verknüpfen von unabhängigen Muskeln nennt man motorische Koordination.

Da die körperliche Entwicklung von oben nach unten sowie von innen nach außen verläuft, sind Finger und Füße sprichwörtlich die letzten Glieder. Das verinnerlichte Bild vom Körper und das Wissen, wo und wie die Finger ansetzen, bildet die Grundlage für die „Auge-Hand-Koordination".

Beim Gleichgewichthalten führen die Füße die – zumeist unbewussten – feinen, ausgleichenden Bewegungen durch. Eine gut ausgeprägte Fußgeschicklichkeit bewirkt ein besseres feinmotorisches Steuern von Bewegungen.

Das Zusammenwirken der Auge-Hand- oder/und Auge-Fuß-Koordination mit dem Gleichgewichtssystem ermöglicht die angemessene Orientierung im Raum. Das wiederum ist die Grundlage für die „Auge-Fuß-Koordination".

Finger- und Fußbewegungen werden zumeist willkürlich ausgeführt. Sie sind die kompliziertesten Bewegungen und durch zwei Merkmale gekennzeichnet: Sie sind zweckbestimmt (zielgerichtet), und sie sind größtenteils erlernt. Bei den folgenden Liedern, Übungen und Spielen werden diese Bewegungen in zeitlicher und rhythmischer Reihenfolge geübt.

Fingerspiele

Knetmasse

Alle Zutaten in einen Topf geben und durchmischen. Unter ständigem Rühren so lange erhitzen, bis ein Klumpen entsteht, der sich vom Topf löst. Vom Herd nehmen und langsam abkühlen lassen. Ich schlage die handwarme Masse bis zum vollständigen Erkalten in Frischhaltefolie. Anschließend knete ich sie kurz durch.

In Marmeladegläsern mit Deckel hält sich die Knetmasse monatelang, ohne bröckelig zu werden. Auch bei intensivster Bearbeitung!

Material: 2 Tassen Mehl, 2 Tassen Wasser, 1 Tasse Salz, 2 Esslöffel Öl, 2 Teelöffel Zitronensaft, Lebensmittelfarbe.

Perlenspiel

Das Kind fädelt die Perlen auf die Schnur.

Variation

Alle Perlen einer Farbe heraussuchen und auffädeln.
Abwechselnd eine Perle jeder Farbe auffädeln.
Zwei Perlen einer und drei Perlen einer anderen Farbe auffädeln.

Ab 2 Jahre. Material: vielfarbige Perlen zum Auffädeln, Faden oder Schnur.

Ab 3 Jahre.

Flaschen und Verschlüsse

Ich habe meinen Kindern die Gläser mit den Deckeln gezeigt, die Gläser dann möglichst geräuschlos geöffnet und wieder verschlossen. Um es dem Kind zu erleichtern, legte ich anfangs jeweils die passenden Deckel vor die entsprechenden Gläser. Dann nahm ich ein Glas und den Deckel und schloss das Glas geräuschlos. Nun war ein Kind an der Reihe. Es schraubt die Gläser möglichst geräuschlos auf und wieder zu. Es ordnet dabei die Deckel den entsprechenden Gläsern zu.

Ab 2 Jahre. Material: möglichst unterschiedliche Gläser mit Deckel.

Später, wenn das Kind genügend Geschicklichkeit entwickelt hat, mischen Sie die Deckel durcheinander. Auch jetzt soll das Kind den passenden Deckel auf das Glas schrauben.

Ab 3 Jahre. Material: ein Stück schwarzer oder weißer Samt. Je 6 Knöpfe in drei oder vier kontrastierenden Farben, 6 Schalen für jede Knopffarbe.

Knopfspiele

Laura erfand viele für sie spannende Varianten. Nebenbei lernte sie die verschiedenen Farben.

Und so wird gespielt:

Alle Knöpfe einer Farbe in ein Gefäß.

Die Knöpfe nach Größen ordnen.

Die Knöpfe einer Farbe abgestuft nach der Größe auflegen.

Material: 24 Knöpfe gleicher Art und Farbe in vier abgstuften Größen (je 6 Knöpfe einer Größe), ein Stück Samt, Schalen für die Knöpfe.

Variation

Auch hier ordnet das Kind je nach Belieben:

– nach Größe

– nach Abstufung.

Sie können die Übung noch erschweren, indem Sie dem Kind die Augen verbinden.

Aufsammeln

Ab 1 Jahr. Material: Bohnen, Perlen, Knöpfe, Linsen, Reis oder Ähnliches, zwei Schalen, ein Tablett.

Das Material liegt auf dem Tablett. Das Kind füllt das Material in eine Schale. Anschließend schüttet es das Material wieder aus, um es sofort wieder aufzusammeln.

Variation

Das Kind füllt das Material in eine Schale und schüttet es in die andere. Dabei versucht es, so wenig Material wie möglich vorbeizuschütten. Es leert so lange hin und her, wie es ihm/ihr beliebt. Die Besonderheit dieses Spiels liegt gerade im Wiederholen der Handlung.

Pipettenfläschchen

Ab 2 Jahre. Material: einige Flaschen mit Pipettenverschluss, Wasserfarben, eine Schüssel mit Wasser, ein Tablett.

Füllen Sie die Fläschchen mit Wasser, jedes mit einer anderen Farbe. Das Tablett mit Fläschchen steht auf dem Tisch. Schrauben Sie eine Flasche auf. Drücken Sie das Gummihütchen der Pipette mit Daumen und Zeigefinger zusammen, sodass sie sich voll Wasser saugt. Drücken Sie den Tropfer oberhalb des mit Wasser gefüllten Auffanggefäßes zusammen, sodass das Wasser im Auffanggefäß landet. Schauen Sie mit dem Kind zu, wie sich die Farbe mischt.

Wiederholen Sie diesen Vorgang mit den unterschiedlichen Farben.

Stoffe

Zeigen und besprechen Sie mit dem Kind die unterschiedlichen Stoffe und ihre Strukturen.

Mischen Sie die Stoffpaare durcheinander und suchen Sie die zueinander passenden Stoffpaare heraus. Legen Sie die geordneten Stoffpaare auf einen Stapel.

Das Kind kann diese Übung in gleicher Reihenfolge durchführen. Wenn es geübt genug ist, kann es auch mit verbundenen Augen üben. Besprechen Sie mit dem Kind die unterschiedlichen Stoffe, Farben und Muster.

Ab 3 Jahre. Material: eine kleine Schachtel, viele unterschiedliche Stoffstücke, und zwar jeweils zwei gleiche Proben von 10 x 10 cm aus Samt, Baumwolle, Seide, Tüll etc.

Fingerreime

Das Kind breitet eine Hand vor dem Körper aus. Die Finger werden leicht gestreckt. Während Sie die Verse sprechen, fassen Sie den jeweiligen Finger – seitlich am letzten Fingerglied – zwischen Ihren Daumen und Ihren Zeigefinger und drehen ihn sanft hin und her.

Ab 1. Lebensjahr. Wissen Sie noch, was die Großmütter wussten?

Der ist in den Brunnen gefallen,	*Daumen*
der hat ihn wieder rausgeholt,	*Zeigefinger*
der hat ihn ins Bett gelegt,	*Mittelfinger*
der hat ihn zugedeckt,	*Ringfinger*
und der kleine Schelm da	*kleiner Finger*
hat ihn wieder aufgeweckt!	
oder:	
Das ist der Daumen,	*Daumen*
der schüttelt die Pflaumen,	*Zeigefinger*
der hebt sie auf,	*Mittelfinger*
der trägt sie ins Haus	*Ringfinger*
und der „Wunzibunzi"	*kleiner Finger*
isst sie alle, alle auf!	

71

Pflaumen

Ab 1 Jahr. Hier haben beide Hände zu tun.

Schüttle, schüttle Bäumchen,	*Linke Hand mit abgespreizten Fingern senkrecht hochhalten. Rechte Hand schüttelt am linken Unterarm*
wirf herab ein Pfläumchen!	*Geschlossene rechte Faust an die linken gespreizten Finger halten.*
Wirf herab es für mein Kind,	*Faust fallen lassen.*
steck es in den Mund geschwind.	*Rechten Zeigefinger und Daumen zum Mund führen.*

Elfriede Pausewang

Musik

Ab 2 Jahre. Die Bewegungen ergeben sich durch den Text.

Auf der Flöte bläst mein Kind,
schlägt die Trommel auch geschwind,
streicht die Geige, spielt Klavier.
Seht, so musizieren wir!

Katze und Spatz

Ab 2 Jahre. Ein kleines Drama für zwei Hände.

Geflogen kommt ein Spatz.	*Die rechte Faust von oben flach auf den Tisch legen. Daumen und Zeigefinger bilden dabei den Schnabel.*
Geschlichen kommt die Katz.	*Die linke, etwas gekrümmte Hand waagerecht von links nach rechts langsam über den Tisch ziehen.*
Schon hebt sie an zum Springen, wills Spätzlein gleich verschlingen.	*Die Finger der linken Hand etwas heben. Die Handwurzel bleibt auf dem Tisch.*
Da ist in hohem Bogen der Spatz davongeflogen.	*Die rechte Hand schnell heben …*
Er setzt sich auf das Haus	*… und auf den Kopf legen.*
und lacht die Katze aus.	*Daumen und Zeigefinger der rechten Hand öffnen und schließen.*

Elfriede Pausewang

Die Fliege

Eine kleine Fliege summt
auf und ab im Zimmer,
brummt und summt
und summt und brummt,
hin und her gehts immer.

Plötzlich sitzt sie still und stumm *Linke aufgestellte Faust ist die Vase.*
auf der Blumenvase, *Rechter Zeigefinger setzt sich drauf.*
und dann fliegt sie mit Gesumm
dir grad auf die Nase! *Rechter Zeigefinger tupft auf die*
Nase des Kindes.

Elfriede Pausewang

*A*b 2 Jahre. Der
rechte Zeigefinger
beschreibt in großen
und kleinen Bogen
den Fluchtweg der
Fliege.

Ballspielen

Wirf den Ball und fang ihn wieder, *Wurf- und Fangbewegungen*
wirf ihn hoch, er fällt doch nieder. *Noch einmal, kräftiger*
Stoß ihn auf die Erde auf! *Bewegung des Werfens auf die Erde*
Er springt gleich zu dir hinauf! *Bewegung des Fangens*
Elfriede Pausewang

*A*b 2 Jahre. Ein
Ballspiel ohne Ball. Es
lässt sich auch mit
einem Ball spielen!

Das Zelt

Die beiden Hände zu einem Dach zusammenlegen, dabei die kleinen
Finger parallel aneinander, sodass das Zelt hinten geschlossen ist

Komm, wir bauen uns ein Zelt!
Sitzen warm, wenn Regen fällt, *Beide Daumen nach innen legen.*
du *Linker Daumen schaut heraus.*
und ich, *Rechter Daumen schaut heraus.*
ganz eng vereint, *Beide Daumen in dem Zelt dicht*
zusammenlegen.

warten, bis die Sonne scheint. *Die rechte Hand mit gespreizten*
Fingern als Sonne hochhalten.

Elfriede Pausewang

*W*enn der Regen gar
nicht aufhören will.
Ab 2 Jahre.

Der große Zeiger

Ab 4 Jahre. Ganz nebenbei wird die Uhr gelernt.

Wenn unsre Uhr schlägt eine volle Stunde,
Der rechte Arm ist der Uhrzeiger. Er wird senkrecht hochgehoben.
beginnt der große Zeiger seine Runde.
Vorüber an der Eins und an der Zwei,
Der Arm bewegt sich jeweils ein Stück weiter.
die Viertelstunde ist bei Drei vorbei.
Der Arm zeigt waagerecht über den Körper hinweg nach links.
Jetzt kommt die Vier, und auch die Fünf folgt dann.
Der Arm rückt weiter.
Nun kommt er unten bei der Sechs schon an.
Der Arm zeigt senkrecht nach unten.
Da steht er, wenn die halbe Stunde schlägt,
und wieder weiter er sich dann bewegt.
Zur Sieben geht er, zur Acht und Neun,
dreiviertel Stunden müssen das nun sein.
Der Arm zeigt waagerecht nach rechts.
Und weiter gehts, zur Zehn und zur Elf,
und endlich ist er oben bei der Zwölf.
Der Arm zeigt wieder senkrecht nach oben.
Da steht er wieder, wo er erst begann,
die Uhr schlägt uns die nächste Stunde an.
Elfriede Pausewang

Pferd und Reiter

Ab 2 Jahre. Das Pferdchen läuft über den Schoß oder die Tischplatte.

Daumen, Mittel-, Ring- und kleiner Finger der rechten Hand sind die Beine, der gestreckte Zeigefinger der Kopf des Pferdchens. Zeige- und Mittelfinger der linken Hand nach unten strecken. Sie sind die Beine des Bübchens, die auf den Rücken des Pferdchens geklemmt werden.
Geht mein Pferdchen schön im Schritt,
Bübchen kommt und reitet mit.
Läuft das Pferdchen jetzt im Trab, *Das Pferdchen läuft schneller.*
Wirf das Bübchen ja nicht ab!
Läuft das Pferdchen im Galopp,   *Das Pferdchen läuft noch schneller.*
holter, polter, hopp hopp hopp!

Macht das Pferdchen einen Sprung, *Rechte Hand macht einen Sprung.*
wirft den Reiter ab im Schwung. *Linke Hand im Bogen klatschend*
auf Tisch oder Schoß fallen lassen.

Bautz, da liegt er nun und schreit.
Pferdchen ist schon wieder weit, *Die rechte Hand verschwindet auf*
dem Rücken.

läuft geschwind zum Stall hinein.
Bübchen laß das Reiten sein! *Drohen mit der rechten Hand.*
Elfriede Pausewang

Der Alltag als Spielfeld

Fegen

Zeigen Sie dem Kind den Schmutz auf dem Boden. Nehmen Sie den
Besen und fegen Sie von der hintersten Ecke zur Mitte. Fegen Sie auch
unter den Möbeln. Kehren Sie den Schmutz zu einem kleinen Häuf-
chen zusammen. Nehmen Sie die Schaufel in die Hand, beugen Sie
sich vornüber. Schieben Sie den Schmutz auf die Schaufel. Leeren Sie
den Schmutz in den Eimer.

Ab 2 Jahre. Material:
Besen, Schaufel,
Eimer.

Staubwischen

Machen Sie das Kind auf den Staub aufmerksam. Nehmen Sie das
Staubtuch und wischen Sie damit den Staub weg. Heben Sie die Zier
gegenstände hoch, die im Weg sind, und wischen Sie auch darunter.
Stellen Sie anschließend die Gegenstände wieder auf ihren Platz zurück. Schütteln Sie das Staubtuch aus. Geben sie es in die Wäsche.

Ab 1 Jahr. Material:
ein Staubtuch.

Servietten falten

Sicherlich kennen auch Sie die eine oder andere Form, Servietten zu
falten. Zeigen Sie dem Kind, wie die Serviette gefaltet wird. Lassen Sie
das Kind die gleichen Bewegungen ausführen. Es darf seine Serviette
selber falten.

Erklären Sie dem Kind die beim Falten entstehenden geometrischen
Figuren. Das ist ein Viereck, Dreieck usw.

Ab 2 Jahre. Material:
Stoff- oder Papier-
servietten.

Tisch decken

Ab 4 Jahre. Material: Tisch, Besteck, Gläser, Servietten.

Decken Sie gemeinsam mit dem Kind den Tisch. Erklären Sie ihm/ihr, wo jedes Stück seinen Platz hat. Ich habe anfangs für das Kind nur Löffel, Gabel, Serviette und Glas gedeckt. Erst wenn es mit dem Messer essen konnte, habe ich auch ein Messer für und mit dem Kind gedeckt.

Später, wenn diese Dinge beherrscht werden, zeigen sie ihm/ihr, wo Teller, Tassen, Salz und Pfeffer und die Blumen stehen sollen.

Tisch abwischen

Ab 2 Jahre. Material: Tisch, Schwamm, Tuch zum Nachwischen.

Nach dem Essen wird der Tisch gewischt. Nehmen Sie dazu den feuchten Schwamm. Wischen Sie mit großen Bewegungen den Tisch ab. Krümel wischen Sie vorsichtig zu sich her. Ist der ganze Tisch gewischt, halten Sie eine Hand an die Tischkante und wischen mit der anderen Hand die Krümel in Ihre flache Hand. Werfen Sie die Krümel in den Mülleimer.

Schuhe putzen

Zuerst bürsten Sie den groben Schmutz von den Schuhen ab. Nehmen Sie einen Schuh in die Hand. Eine Hand hält ein Putztuch, die andere einen Schuh. Nehmen die mit dem Putztuch Schuhcreme auf. Tragen sie die Schuhcreme auf den Schuh auf. Behandeln Sie den zweiten Schuh ebenso. Lassen Sie die Creme einziehen. Tragen Sie anschließend Schuhfett auf. Polieren Sie die Schuhe mit dem Poliertuch oder der Bürste. Stellen Sie die Schuhe wieder zum Austrocknen auf.

Ab 4 Jahre. Material: Schuhe, Schuhcreme, Lederfett, Bürsten, Poliertücher oder Bürsten.

Weitere Übungen:

Ab 3 Jahre: Geschirr spülen.
Ab 1 Jahr: Hände waschen.
Ab 3 Jahre: Sich selbst anziehen.
Ab 4 Jahre: Schleife binden.
Ab 3 Jahre: Reißverschluß zumachen.
Ab 2 Jahre: Schuhe anziehen.
Ab 2 Jahre: Sich selbst reinigen.
Ab 3 Jahre: Selbstständig die Toilette benutzen.

Die Füße nicht vergessen!

Einseitig aktive Fußübungen

Das Kind sitzt mit leicht gespreizten Beinen im Langsitz. Der Oberkörper ist aufgerichtet. Die Hände ruhen auf den Knien. Das Kind bewegt den ganzen Fuß auf und ab. Es zeichnet mit dem Fuß Kreise in beide Richtungen in der Luft. Es hebt den Fuß an, zieht ihn an und wackelt mit allen Zehen auf und ab.

Ab 1 Jahr. Auf S. 56 stehen bereits einige Übungen, die die Kinderfüße verwöhnen.

Beidseitig aktive Fußübungen

Zuerst werden die Rollen mit Papier beklebt und gestaltet. Beispielsweise mit Wollresten, mit kleinen Papierkugeln, mit Wellpappe, mit bunten Papierschnipseln u.ä. Diese Bastelübung fördert ebenfalls die Fingergeschicklichkeit. Die Rasselrollen werden mittels Papier und Kleister auf einer Seite verschlossen. Wenn der Kleister gut getrock-

Ab 3 Jahre.
Mindestens zwei
Teilnehmer. Material:
Rollen von Toiletten-
papier, Klebstoff,
Papier, Wollreste,
Glocken, Reis, Bohnen,
Murmeln.

net ist, wird das Geräuschmaterial eingefüllt, und die Rasseln werden verschlossen und beklebt. Die Kinder sitzen barfuß im Kreis. Jedes hat eine Rolle vor sich und versucht:

- die Rollen vor und zurück, nach rechts und links zu bewegen
- abwechselnd, mit Hilfe beider Füße, die Rolle aufzustellen und wieder umzulegen
- Murmeln durch die Rolle zu rollen – ja, das geht!
- Murmeln mit den Füßen in die Rolle zu füllen, die aufrecht vor dem Kind steht
- eine Schnur, die durch die Rolle gezogen wurde, an beiden Enden mit den Zehen zu fassen vor und zurück zu bewegen
- die gefüllten Rollen mit den Füßen fassen und Musik damit zu machen!

Variation als Partnerübung

Ab 4 Jahre.

Eine Rolle wird auf die große Zehe gesteckt (oder mit beiden Füßen gefasst) und an den Sitznachbarn weitergegeben.

Die Rolle wird einem anderen Kind zugerollt.

Fußparcours

Ab 3 Jahre.
Mindestens zwei
Teilnehmer. Material:
beklebte Toilettenpa-
pierrollen, Murmeln,
Steine.

Die Rollen werden im Abstand einer Fußlänge in einer Reihe aufgestellt. Die Kinder versuchen, einzeln und jedes in seinem Tempo den Parcours zu durchgehen.

Variation (ab 4 Jahre):

Sie steigen über die Rollen, indem sie die Füße bewusst hochheben (nicht seitlich vorbeischieben)

- gehen auf den Zehenspitzen, den Riesen gleich
- watscheln auf den Fersen wie die Pinguine
- bewegen sich mit eingerollten Zehen – ähnlich wie Affen
- gehen in Hockstellung (ohne Hilfe der Hände) wie Zwerge
- rollen die Zehen ein und ziehen auf diese Weise den Fuß vorwärts
- bewegen sich mit gestreckten Zehen vorwärts, wie die Raupen
- halten einen Stein mit den Zehen und lassen ihn in die Rolle fallen
- steigen auf den Außenkanten der Füße über die Rollen.

Lieder und Spiele

*Lieder und Spiele machen Spaß und schulen
das Gefühl für Zeit und Rhythmus, für Rechts und
Links.*

Worum geht es in diesem Kapitel?

- Speichern von Bewegungserfahrungen
- Integration beider Körperseiten
- Unterstützung der Rechts-Links-Orientierung
- Gezieltes Planen von Bewegungen – zeitlich und räumlich
- Beibehalten eines vorgegebenen Rhythmus
- Raumorientierung

Frühes Körpergefühl, die Symmetrie der Körperhälften und die soziale Anpassung

Auf den ersten Blick scheinen die Bewegungen eines Neugeborenen völlig unkontrolliert. Die scheinbar sinnlosen Bewegungen ermöglichen es Kindern indessen, ein Bild vom eigenen Körper zu entwickeln. Nachdem sie genug Bewegungserfahrung gesammelt haben, überkreuzen sie beim Spielen die Körpermitte – jedes zu seiner Zeit und in seinem Tempo, mit einer Hand oder einem Fuß. Das ermöglicht das Integrieren der beiden Körperseiten.

Nun erscheint den Kindern der eigene Körper als ein sinnvolles, aufeinander abgestimmtes Ganzes. Von dieser Erfahrung aus können sie sich im Raum orientieren.

Später spezialisiert sich eine Körperseite auf bestimmte Tätigkeiten. Darauf aufbauend bilden sich die Begriffe Rechts und Links. Viele dieser Bewegungen sind erlernt oder werden willkürlich durchgeführt.

Das Planen von Bewegungen in richtiger zeitlicher, räumlicher und rhythmischer Reihenfolge wird erst mit der fortschreitenden motorischen Entwicklung möglich. Ebenso wichtig sind aber emotionale Einflüsse für eine gelungene Bewegungsplanung. Je nachdem, welche sozialen Erfahrungen ein Kind gesammelt hat, wird es mit dem Wissen um die Grenzen des eigenen Körpers und um den Platz, den dieser Körper im Raum beansprucht, auch das Gefühl für den angemessenen Abstand entwickeln, den es zu anderen Menschen einnehmen sollte.

Kreisspiele

Alle meine Entchen

Alle meine Entchen
schwimmen auf dem See,
schwimmen auf dem See,
Köpfchen in das Wasser,
Schwänzchen in die Höh.

Ab 2 Jahre. Hier sollen die Kinder Schwimmbewegungen ausführen, mit dem Kopf „untertauchen", einen Arm auf den Rücken legen und mit der zum „Schwänzchen" geformten Hand wackeln.

Hänsel und Gretel

Hänsel und Gretel verliefen sich im Wald.
Zwei Kinder gehen umher.
Es war so finster und auch so bitter kalt.
Sie schlottern vor Kälte und halten Ausschau.
Sie kamen an ein Häuschen aus Pfefferkuchen fein.
Sie freuen sich.
Wer mag der Herr wohl von diesem Häuschen sein?
Sie halten die Hände wie ein Fernglas vor die Augen und schauen sich um.
Uhu, da schaut eine alte Hex heraus.
Ein drittes Kind erscheint.
Sie lockt die Kinder ins Pfefferkuchenhaus.
Das dritte Kind lockt mit dem Zeigefinger …
Den Hänsel wollt sie braten,
… packt eins der Kinder …
o Kinder, welche Not!
Ihn wollt sie braten im Ofen braun wie Brot.
… öffnet die Ofentür …
Doch als die Hex in den Ofen schaut hinein,
… bückt sich …
stießen der Hans und die Gretel sie hinein.
… und wird hineingestoßen: zurück in den Kreis.
Die Hexe musste braten, die Kinder gehn nach Haus,
nun ist das Märchen von Hans und Gretel aus.
Kinder gehen zurück in den Kreis.

Ab 4 Jahre. Drei Kinder treten als Hänsel, Gretel und Hexe hervor.

Häschen in der Grube

*Ab 3 Jahre.
Ein Kind hockt sich
in die Kreismitte und
„schläft". Bei „Häs-
chen, hüpf!" beginnt
es zu springen.*

Häschen in der Grube saß und schlief,
saß und schlief.
Armes Häschen, bist du krank,
dass du nicht mehr hüpfen kannst?
hüpfen kannst?
Häschen, hüpf! Häschen, hüpf!

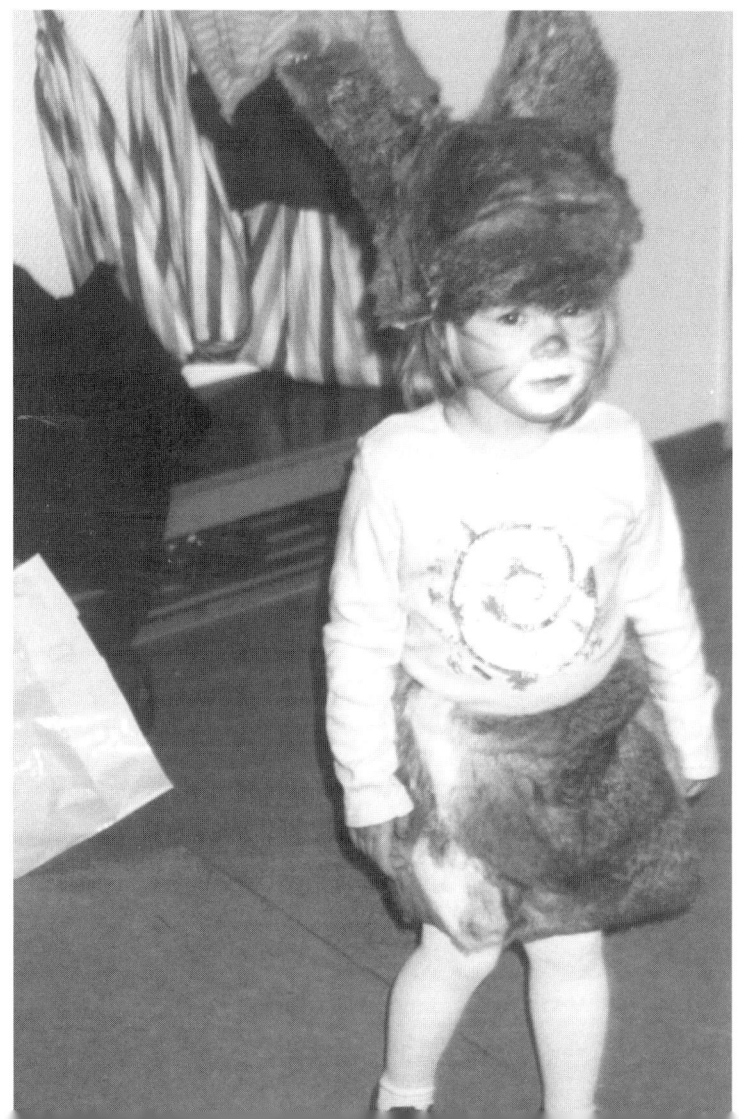

Wer will fleißige Handwerker sehn?

Nach jedem Vers erklingt der Refrain:
Wer will fleißige Handwerker sehn?
Der muss zu uns Kindern gehn.

Stein auf Stein, Stein auf Stein,
das Häuschen wird bald fertig sein.

O wie fein, o wie fein,
der Glaser setzt die Scheiben ein.

Tauchet ein, tauchet ein,
der Maler streicht die Wände fein.

Zisch, zisch, zisch, zisch, zisch, zisch,
der Tischler hobelt glatt den Tisch.

Poch, poch, poch, poch, poch, poch,
der Schuster schustert zu das Loch.

Stich, stich, stich, stich, stich, stich,
der Schneider näht ein Kleid für mich.

Trapp, trapp, drein, trapp, trapp, drein,
jetzt gehn wir von der Arbeit heim.

Rühre ein, rühre ein,
der Kuchen wird bald fertig sein

Hopp, hopp, hopp, hopp, hopp, hopp,
jetzt tanzen alle im Galopp.

Ab 4 Jahre. Bei diesem Spiel versuchen die Kinder, zu allen Tätigkeiten, von denen sie gerade singen, eine typische Handbewegung zu machen.

Zeigt her eure Füße

Refrain: Zeigt her eure Füße, zeigt her eure Schuh
und sehet den fleißigen Waschfrauen zu.
Sie waschen, sie waschen, sie waschen den ganzen Tag.

Sie wringen …	Sie hängen …	Sie legen …
Sie rollen …	Sie plätten …	Sie ruhen …
Sie klatschen …	Sie tollen …	Sie tanzen …

Ab 4 Jahre. Die Kinder stehen im Kreis, am Schluss fassen sie sich bei den Händen und tanzen.

83

Ab 3 Jahre.

Zwerg Wackelmütze

Oben auf des Berges Spitze
sitzt ein Zwerg mit seiner Mütze.
wackelt hin und wackelt her,
lacht ganz laut und freut sich sehr.
Reibt sich seine Hände,
klopft auf seinen Bauch
und stampft mit den Füßen,
klatschen kann er auch.

Oben auf des Berges Spitze
sitzt ein Zwerg mit seiner Mütze.
wackelt hin und wackelt her,
Lacht ganz laut und freut sich sehr.
Fasst sich an die Nase,
springt ganz froh herum,
hüpft dann wie ein Hase,
plötzlich fällt er um. Bumm.

Text: Ingrid Biermann, Musik: Detlev Jöcker.
Aus Buch, CD und MC: Ich bin der kleine Zappelmann.
Alle Rechte im Menschenkinder Verlag, 48157 Münster

Erst kommt der Sonnenkäferpapa

Refrain: Erst kommt der Sonnenkäferpapa,
        dann kommt die Sonnenkäfermama.
        Und hinterdrein, ganz klitzeklein,
        die Sonnenkäferkinderlein.
1.   Sie haben rote Röckchen an
        mit kleinen schwarzen Pünktchen dran.
Refrain: Erst kommt der Sonnenkäferpapa …
2.   So machen sie den Sonntagsgang
        auf unserer Gartenbank entlang
Refrain: Erst kommt der Sonnenkäferpapa …
3.   Doch abends gehn die Käferlein
        in ihre Käferbetten rein.
Refrain: Erst kommt der Sonnenkäferpapa …

Ab 2 Jahre.

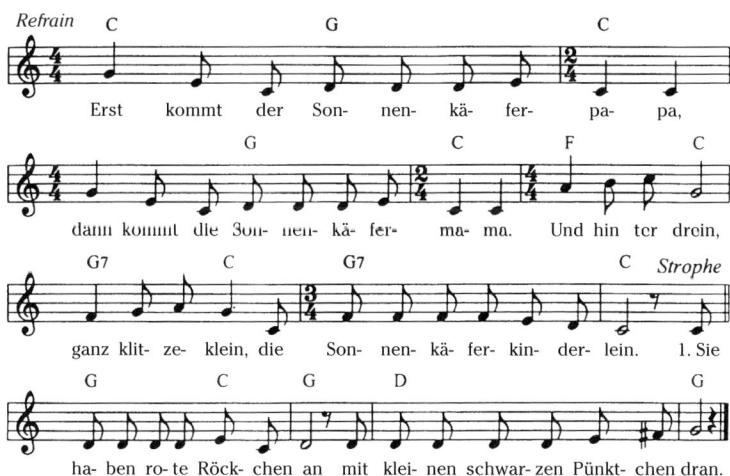

Text: überliefert / 3. Strophe: Detlev Jöcker /Musik: Detlev Jöcker
Aus: MC, Buch und CD „Ich bin der kleine Zappelmann
Rechte: Menschenkinder Verlag, 48157 Münster

Mr. Pieps und Mr. Plumpsack

*Ab 3 Jahre. In den
Refrain können auch
Zweijährige schon
einstimmen.*

Mister Pieps und Mister Plumsack, die hören wir singen.
Kommt Kinder, das soll uns auch gelingen.
Lala, lala, so singt Mister Plumpsack,
tralalalalala – tralalalala, so singt Mister Pieps.

Mister Pieps und Mister Plumpsack, die hören wir lachen.
Kommt, Kinder, das wollen wir auch mal machen.
Hahahaha, so lacht Mister Plumpsack,
hahahahahaha – hahahahaha so lacht Mister Pieps.

Mister Pieps und Mister Plumpsack, die hören wir laufen.
Kommt, Kinder, da lasst uns nicht verschnaufen.
Trapp-trapp,trapp-trapp, so läuft Mister Plumpsack,
trippeltrippeltripp – trippeltrippeltrapp, so läuft Mister Pieps.

Mister Pieps und Mister Plumpsack, die tanzen heut beide.
Kommt, Kinder, das macht auch uns viel Freude.
Heidi, heida, so tanzt Mister Plumpsack,
heidihoppsassa – heidihoppsassa, so tanzt Mister Pieps.

Mister Pieps und Mister Plumpsack, die fahren heut Auto.
Kommt, Kinder, das machen wir genauso!
Töff töff töff töff, so fährt Mister Plumpsack,
töfftöfftöfftöfftöff – töfftöfftöfftöfftöff, so fährt Mister Pieps.

Mister Pieps und Mister Plumpsack, die machen jetzt Pause.
Kommt, Kinder, dann gehn wir nach Hause.
„Na dann, bis bald", so ruft Mister Plumpsack.
„Will euch allealleallealleallealle wiedersehn", so ruft Mister Pieps.

Die rechte Hand fängt an

Ab 3 Jahre. Wer findet sich im eigenen Körper zurecht?

Die rechte Hand, die rechte Hand fängt an und bewegt sich.
Die linke Hand, die linke Hand. Seht her, sie bewegt sich.
Und damit fängt es an! Die rechte Hand, die linke Hand.
Seht nur, wie schnell man sich bewegen kann.

Der rechte Arm, der rechte Arm fängt an und bewegt sich.
Der linke Arm, der linke Arm. Seht her, er bewegt sich.
Und damit fängt es an! Der rechte Arm, der linke Arm.
Seht nur, wie schnell man sich bewegen kann.

Der rechte Zeh, der rechte Zeh fängt an und bewegt sich.
Der linke Zeh, der linke Zeh. Seht her, er bewegt sich.
Und damit fängt es an! Die rechte Hand, die linke Hand, der rechte Arm, der linke Arm.
Der rechte Zeh, der linke Zeh. Seht nur, wie schnell man sich bewegen kann.

Der rechte Fuß, der rechte Fuß fängt an und bewegt sich.
der linke Fuß, der linke Fuß. Seht her, er bewegt sich.
Und damit fängt es an! Die rechte Hand, die linke Hand. Der rechte Arm, der linke Arm.
Der rechte Zeh, der linke Zeh. Der rechte Fuß, der linke Fuß. Seht nur, wie schnell man sich bewegen kann.

Das rechte Bein, das rechte Bein fängt an und bewegt sich.
Das linke Bein, das linke Bein. Seht her, es bewegt sich.
Und damit fängt es an! Die rechte Hand, die linke Hand. Der rechte Arm, der linke Arm.
Der rechte Zeh, der linke Zeh. Der rechte Fuß, der linke Fuß. Das rechte Bein, das linke Bein. Sehr nur, wie schnell man sich bewegen kann.

Sag uns deinen Namen

Erstes Kind: Ich heiße Raphael.

Er heißt Raphael und steht nun in dem Kreis.
Er sagt seinen Namen, damit es jeder weiß.
Er heißt Raphael und steht nun in dem Kreis.

Erstes Kind: Wie heißt du?
Zweites Kind: Ich heiße Isabell.

Sie heißt Isabell und steht nun in dem Kreis.
Sie sagt ihren Namen, damit es jeder weiß.
Sie heißt Isabell und steht nun in dem Kreis.
Begrüßt euch nun, ihr beiden, das ist schön.
Und der Raphael darf nun wieder gehen.

Ab 3 Jahre. Ein Kennenlernspiel für schüchterne Kinder.

Ringel, ringel, Reihe

Ringel, ringel, Reihe,
sind der Kinder dreie,
sitzen unterm Hollerbusch,
machen alle husch, husch, husch.

Ab 3 Jahre. Bei der letzten Zeile gehen alle Kinder in die Hocke.

Hand- und Fingerspiele am Tisch

Es fliegt ein Vogel

Es fliegt ein Vogel ganz allein,
Mit einer Hand einen großen Kreis „fliegen".
schau, jetzt fliegen zwei!
Beide Hände „fliegen" einen großen Kreis in dieselbe Richtung.
Sie fliegen hoch, sie fliegen nieder,
In die Höhe und in die Tiefe „fliegen".
sie fliegen fort und kommen wieder.
Hände waagerecht von sich fort und wieder zu sich bewegen.
Sie picken Körner, eins zwei, drei.
Mit den Fingerspitzen auf den Tisch pochen.
Sie fliegen fort und kommen heim.
Arme ausbreiten und zum Schluss verschränken.

Ab 3 Jahre. Dieses Bewegungsspiel wirkt sehr beruhigend.

Der Hoppelhas

Ab 2 Jahre. Bei einer Hand werden Mittel- und Ringfinger auf den Daumen gelegt. Den Zeigefinger und den kleinen Finger hält man hoch. So entsteht ein Hasenkopf.

Auf der Wies' im grünen Gras
sitzt der kleine Hoppelhas,
Eine Hand (die Wiese) mit der Innenfläche nach oben auf den Tisch legen und die andere Hand (Hase) darauf setzen.
spitzt die Ohren, freut sich sehr,
Die Hasenohren bewegen sich.
hoppelt auf der Wies umher.
Der Hase bewegt sich auf der Hand.
Hopp, hopp, hoppeldihopp,
auf der Wies' umher.

Auch der schöne Sonnenschein
lässt den Hasen glücklich sein,
Die „Wiesenhand" streckt sich nach oben und spreizt ihre Finger (Sonnenstrahlen).
und er hoppelt übers Feld,
Der Hase hoppelt über die Tischplatte.
weil es ihm so gut gefällt.
Hopp, hopp, hoppeldihopp,
weil es ihm gefällt.

Abends schläft er dann allein
unter einem Birnbaum ein.
Ein Arm (Baum) steht auf den Ellenbogen gestützt aufrecht auf einer Tischplatte. Der Hase legt sich unter den Baum.
Auf der Wies' im grünen Gras
schläft der kleine Hoppelhas.
Hopp, hopp, hoppeldihopp,
schläft der Hoppelhas.

Text: Ingrid Biermann, Musik: Detlev Jöcker.
Aus Buch, CD und MC: Ich bin der kleine Zappelmann.
Alle Rechte im Menschenkinder Verlag, 48157 Münster

Text auf S. 90

1. Auf der Wies' im grü- nen Gras, sitzt der klei- ne Hop- pel- has'!

spitzt die Oh- ren, freut sich sehr, hop- pelt auf der Wies' um- her.

Hopp, hopp, hop- pel- di- hopp, auf der Wies' um- her.

Zehn kleine Zappelmänner

Zehn kleine Zappelmänner zappeln hin und her.
Zehn kleinen Zappelmännern fällt das gar nicht schwer.

Zehn kleine Zappelmänner zappeln auf und nieder.
Zehn kleine Zappelmänner tun das immer wieder.

Zehn kleine Zappelmänner zappeln ringsherum.
Zehn kleine Zappelmänner, die sind gar nicht dumm.

Zehn kleine Zappelmänner kriechen ins Versteck.
Zehn kleine Zappelmänner sind auf einmal weg.

Variation
Du kannst auch die einzelnen Finger verwandeln, ihnen ein Gesicht
aufmalen oder ein Papierhütchen aufsetzen. Oder einen Helm, den
du aus einem Flaschenverschluss gemacht hast.

Ab 2 Jahre. Die zehn Zappelmänner, deine Finger, zappeln während des Liedes hin und her oder trommeln auf die Tischplatte, bis sie schließlich im Versteck verschwinden.

Ab 3 Jahre.

Pick, pick, pick, so macht das Huhn

Ab 2 Jahre.
Daumen, Zeige- und
Mittlfinger einer
Hand bilden einen
Schnabel. Der Hand-
rücken der anderen
Hand ist der Boden.

Pick, pick, pick, so macht das Huhn,
es hat heute viel zu tun.
Pick, pick, pick, es legt ein Ei,
Mit der „Bodenhand" eine Eins zeigen.
aber manchmal sinds auch zwei.
Mit der „Bodenhand" eine Zwei zeigen.
Pick, pick, pick, jetzt ruht das Huhn,
Das Huhn legt sich auf den Boden.
es hat gar nicht mehr zu tun.

Text: Ingrid Biermann, Musik: Detlev Jöcker.
Aus Buch, CD und MC: Ich bin der kleine Zappelmann.
Alle Rechte im Menschenkinder Verlag, 48157 Münster

Spiele für zwei Kinder

Ich bin ein kleiner Esel

Ab 3 Jahre. Wird dem Esel die Last zu schwer, erfindet ihr schnell einen neuen Vers und ein neues Spiel dazu!

Welch ein Spaß, auf einem Esel durch die Gegend zu reiten! Ab und zu hält er auf Wunsch an, reitet nach einem Klaps weiter, wackelt mit dem Hinterteil und schreit I-a!

Ich bin ein kleiner Esel und wandre durch die Welt.
ich wackle mit dem Hinterteil, so wie es mir gefällt.
I-a, i-a, i-a, i-a, i-a.

Wir sind zwei grüne Frösche und hüpfen durch die Welt!
Wir hüpfen her, wir hüpfen hin, so wie es uns gefällt! Quak, quak!
Niemand weiß, wie Krokodile sprechen? Das macht nichts: Wir reißen im Rhythmus des Liedes unsere Münder so weit auf, wie wir können, und gähnen laut.
Wir sind drei Krokodile und kriechen durch die Welt,
wir fressen alles, was da kommt, so wie es uns gefällt.
Hier bewegen die Schnecken im Takt des Liedes ganz zart ihre „Fühler", d. h. ihre auf den Kopf gesetzten Hände.
Wir sind vier lahme Schnecken und schleichen durch die Welt,
wir fressen alles, was da kommt, so wie es uns gefällt.
Löwengebrüll kriegt sicher jedes Kind hin!
Wir sind fünf wilde Löwen und brüllen durch die Welt,
wir fressen alles, was da kommt, so wie es uns gefällt.

Ich bin ich und du bist du

Ab 4 Jahre. Material: Kartons, Waschmitteltrommeln, leere Joghurtbecher, Käseschachteln oder Pappröhren.

Zwei Kinder teilen sich den Text des Liedes auf und singen im Wechsel als „Ich" und „Du". Mit Gesten begleiten sie das Lied. Auch auf musikalische Weise werdem das „Ich" und das „Du" durch zwei unterschiedlich klingende Klangstäbe, Rasseln, Glocken oder Trommeln dargestellt, die Sie aus einfachen Materialien schnell bauen können. Wichtig ist nur, dass sich Klänge deutlich voneinander abheben: „Spielst du pong, dann spiel ich ping …"

Ich bin ich, und du bist du.
Wenn ich rede, hörst du zu.
Wenn du sprichst, dann bin ich still,
weil ich dich verstehen will.

Wenn du fällst, helf ich dir auf,
und du fängst mich, wenn ich lauf.
Wenn du kickst, steh ich im Tor,
pfeif ich Angriff, schießt du vor.

Spielst du pong, dann spiel ich ping,
und du trommelst, wenn ich sing.
Allein kann keiner diese Sachen,
zusammen können wir viel machen.

Ich mit dir und du mit mir,
das sind wir, das sind wir.
Ich mit dir und du mit mir,
das sind wir, das sind wir.

Text: Irmela Brender, Melodie: Dorothée Kreusch-Jacob

Komm, stell dich mal mit mir in den Wind

Ab 2 Jahre. Ob draußen oder drinnen, Windspiele lassen sich überall spielen.

Fest gewurzelte Bäume, deren Äste sich im Wind bewegen, Struwwelpeter mit wehenden Haaren, schnelle Vögel mit ausgebreiteten Schwingen, weiche, schwebende Wolken oder Segelschiffe, die mit bunten (Tücher-)Segeln auf Wolkenwellen reiten – da sind der Fantasie keine Grenzen gesetzt.

Komm, stell dich mal mit mir in den Wind!
Dann spielen wir, dann spielen wir,
dass wir zwei starke Bäume sind.

Komm, lass dich einfach treiben im Wind!
Dann spielen wir, dann spielen wir,
dass wir zwei Segelschiffe sind.

Komm, lass die Haare zausen im Wind!
Dann spielen wir, dann spielen wir,
dass wir zwei Struwwelpeter sind.

Komm, lass die Arme fliegen im Wind!
Dann spielen wir, dann spielen wir,
dass wir zwei schnelle Vögel sind.

Komm, mach dich leicht und weich im Wind!
Dann spielen wir, dann spielen wir,
dass wir zwei weiße Wolken sind.

Variation
Dieses Tanzspiel lässt sich auf beliebig viele Paare erweitern, und das Lied kann noch viel mehr Strophen bekommen.

Hampelmann

Ab 2 Jahre. Das Spiegelbild des Partners werden – schaffst du das?

Jedes Kind steht mit geschlossenen Beinen und an den Körper angelegten Händen. Es springt in die Grätsche und klatscht gleichzeitig in die über den Kopf gestreckten Hände, im gleichen Takt wie sein Partner.

Brüderchen, komm tanz mit mir

Brüderchen, komm tanz mit mir!
Beide Hände reich ich dir.
Einmal hin, einmal her,
ringsherum, das ist nicht schwer.
Mit dem Köpfchen nick, nick, nick,
mit dem Finger tick, tick, tick.
Mit den Füßen trapp,trapp,trapp,
mit den Händen klapp, klapp, klapp.
Einmal hin, einmal her,
ringsherum, das ist nicht schwer.
Ei, das hast du gut gemacht,
ei, das hätt ich nicht gedacht!
Noch einmal das schöne Spiel,
weil es uns so gut gefiel.

Ab 3 Jahre. Die Kinder stellen sich paarweise zusammen, fassen sich bei den Händen und tun, was der Text sagt.

Spiele im Sitzen

Ich bin ein Musikant

Bei diesem Musikantenspiel kann jeder zusteigen, ob klein, ob groß, ob musikalisch oder … Je mehr Musikanten, desto länger wird das Lied.

Jeder Musikant, dem ein Geräusch einfällt, das er mit den Händen machen kann, erfindet „seinen" Refrain selbst. Bei „Horcht nur!" legt er lauschend die Hände an die Ohren.

Dann begleitet er bis zum Schluss das Lied allein. Bei der Wiederholung spielen und singen alle anderen Kinder mit.

Ab 3 Jahre. Unmusikalische gibts nicht!

1. Ich bin ein Mu - si - kant, kann spie - len mit der Hand.
Horcht nur, horcht nur al - le her! Hän - de klat-schen ist nicht schwer.

Ich bin ein Musikant,
kann spielen mit der Hand.
Horcht nur, horcht nur alle her!
Händeklatschen ist nicht schwer.

Ich bin ein Musikant,
kann spielen mit der Hand.
Horcht nur, horcht nur alle her!
Fingerschnipsen ist nicht schwer.

Ich bin ein Musikant,
kann spielen mit der Hand.
Horcht nur, horcht nur alle her!
Schenkelpatschen ist nicht schwer.

Ich bin ein Musikant,
kann spielen mit der Hand.
Horcht nur, horcht nur alle her!
Trommeln ist doch gar nicht schwer!

Ich bin ein Musikant,
kann spielen mit der Hand.
Horcht nur, horcht nur alle her!
Fingerpfeifen ist nicht schwer!

Ich bin ein Musikant,
kann spielen mit der Hand.
Horcht nur, horcht nur alle her!
Grashalmblasen ist nicht schwer!

Text und Melodie: Dorothée Kreusch-Jacob

Hört ihr die Drescher?

Hört ihr die Drescher?
Hört ihr die Drescher?
Sie dreschen im Takt,
tick-tack-tack,
tick-tack-tack,
tick-tack-tack,
tack!

*Ab 2 Jahre.
Hier wird im Takt
geklatscht.*

Backe, backe, Kuchen

Backe, backe, Kuchen,
der Bäcker hat gerufen,
wer will guten Kuchen backen,
der muss haben sieben Sachen:
Eier und Schmalz,
Zucker und Salz,
Milch und Mehl,
Safran macht den Kuchen gehl!

*Ab 1 Jahr.
Noch einmal: Im
Takt klatschen ist
angesagt.*

Guten Morgen, ihr lieben Beine

Guten Morgen, ihr lieben Beine.
Wie heißt ihr denn?

Ich heiße Strampel!
Ich heiße Hampel!
Ich bin das Füßchen Tu-nicht-gut!
Ich bin das Füßchen Übermut!
Tu-nicht-gut und Übermut
gehen auf die Reise.
Sie stampfen durch die Sümpfe,
nass sind die Strümpfe,
Schaut die Mama mal ums Eck,
schnell laufen sie dann beide weg!

*Ab 1 Jahr.
Morgens am Bettrand
– bei der letzten Zeile
flüchten die Kinder-
füße noch einmal
unter die Decke.*

Ri-ra-rutsch

Ab 3 Jahre.
Schimmelchen,
Kutsche, Schlitten und
Omnibus, Pannen und
kleine Unfälle ... was
in diesem Lied alles
passiert!

Ri-ra-rutsch! Wir fahren mit der Kutsch.
Wir fahren über Stock und Stein.
da bricht das Schimmelchen ein Bein.
Ri-ra-rutsch! Es ist nichts mit der Kutsch.

Ri-ra-ritten! Wir fahren mit dem Schlitten.
Wir fahren übern tiefen Schnee,
doch plötzlich kippt er um, o weh.
Ri-ra-ritten, wir fahren mit dem Schlitten.

Ri-ra-russ! Wir fahren mit dem Bus.
Der Fahrer träumt, da macht es: bum!
Da fällt der Klapperkasten um.
Ri-ra-russ! Jetzt gehn wir doch zu Fuß!

Variation

Ab 4 Jahre.

Wer will dazu auf passenden, selbstgemachten Instrumenten spielen?
Lasst euch zwischen den Strophen Vor- und Nachspiele einfallen.
Ideen für selbstgebaute Instumente

Schellentamburin	Kronenkorken locker am Rand eines Deckels (von einer Pappröhre) befestigen
Bongotrommel	Pappröhren unterschiedlicher Länge zusammenbinden
Schellenstab	Stab mit Drahtring, auf dem Kronenkorken befestigt sind

Ich reibe meine Nase

Ab 3 Jahre. Dieses
Spiel endet mit viel
Gelächter!

Einer: Ich reibe meine Nase ich reibe meine Nase!
Alle: Ich reibe, ich reibe, ich reibe meine Nase!
(allmählich schneller werden)
Ich reibe, ich reibe, ich reibe meine Nase!
Ich reibe, ich reibe, ich reibe meine Nase!

Hast du auch wirklich deine Nase dabei gerieben? – Was kannst du
noch? Versuche, neue Strophen zu erfinden. Etwa:
Ich reibe deine Nase!
Ich streichle meinen Bauch.
Ich streichle deinen Bauch.
Ich klatsche in die Hände.
Ich stampfe auf den Boden.
Ich fahre im Mercedes
Ich lenke einen Dampfer.

Doktor Maus

Dieses Lied kann von mehreren Kindern als Rollenspiel gespielt werden. Die „Patienten" kommen gekrochen, gehoppelt, gehumpelt, ge-
tapst, gehüpft, gewatschelt. Für alle hat der Mäusedoktor ein passen-
des Mittel. Sogar der Gans kann er helfen, die an nervösem Schwanz-
wackeln leidet.

*Ab 4 Jahre. Im
Tierkrankenhaus ist
Sprechstunde bei
Doktor Maus!*

Doktor Maus sagt zum Hund:
„Ich mach dich gesund!"
Klopft da und klopft dort,
und der Husten ist fort.

Doktor Maus sagt zum Schneck:
„Komm, kriech doch nicht weg,
du kriegst heißen Tee,
dann tut nix mehr weh!"

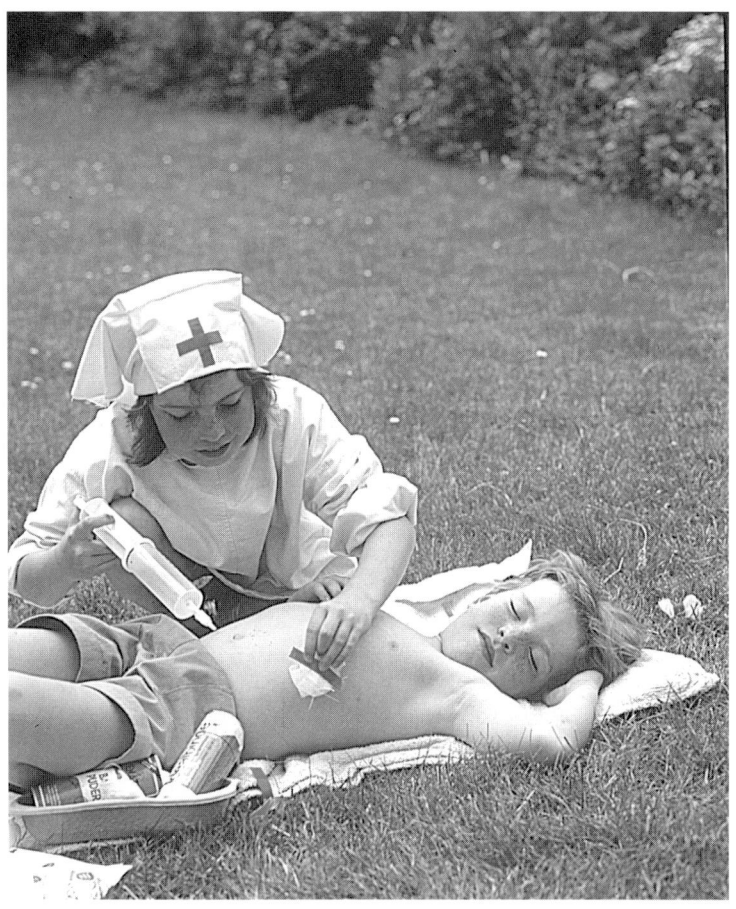

Doktor Maus sagt zum Has:
„Komm, leg dich ins Gras,
deck mit Blättern dich zu,
eine Schwitzkur brauchst du."

Doktor Maus sagt zum Bär:
„Was schnaufst du so schwer?
Ich geb dir 'nen Pieks,
aber sonst fehlt dir nix!"

Doktor Maus sagt zum Floh:
„Was zappelst du so?
Komm, streck mal dein Bein,
ich renks wieder ein.“

Doktor Maus sagt zur Gans:
„Warum wackelt dein Schwanz?
Ich kleb ihn dir fest
mit 'nem Heftpflasterrest.“

Text und Melodie: Dorothée Kreusch-Jacob

Seilspiele

Durchlaufen

Zwei Teilnehmer stehen einander mit genügendem Abstand gegenüber. Das Seil in ihren Händen hängt durch. Nun wird das Seil in großem Bogen bewegt. Die anderen Kinder versuchen, durch das sich drehende Seil zu laufen.

Diese Übung wird leichter, wenn zunächst die Seilbewegung beobachtet wird. Sobald ein Kind losläuft, ruft es gleichzeitig „Ho“. Die Kinder finden so leichter den geeigneten Augenblick zum Starten.

Ab 4 Jahre. Mindestens drei Teilnehmer. Material: ein Hanfseil von 8 m Länge und 2–5 cm Durchmesser.

Seilspringen

Wieder stehen einander zwei Kinder zum Seildrehen gegenüber. Ein anderes Kind versucht nun, ohne das Seil selbst zu schwingen, über die Schnur zu springen.

Ab 4 Jahre. Mindestens drei Teilnehmer.

Hochsprung

Zwei Kinder halten ein locker gespanntes Seil knapp über den Boden. Die übrigen Kinder versuchen nun – jeder für sich –, das Seil zu überspringen.

Bei jeder Runde wird das Seil einige Zentimeter höher gehalten. Wer hängen bleibt, scheidet aus.

So wird der Hochsprungmeister ermittelt.

Ab 3 Jahre. Mindestens drei Teilnehmer.

Für viele Kinder mit viel Platz

1, 2, 3, im Sauseschritt

Ab 3 Jahre. Jetzt kann getobt werden!

1, 2, 3, im Sauseschritt
gehen alle Kinder mit.
Der Peter *(Name des Kindes einsetzen)* ist jetzt an der Reih
und läuft an uns vorbei.
Bücken, strecken, rundum drehen,
viermal klatschen, stampfen, stehen.

Donner, Wetter, Blitz

Ein Spielfeld wird mit zwei Grundlinien versehen. Ein Kind wird als Rufer bestimmt. Er steht hinter einer Grundlinie. Die anderen stehen hinter der zweiten Grundlinie, dem Rufer gegenüber. Der Rufer dreht sich nun von den Kindern weg. Während er so steht, ruft er in selbst gewähltem Tempo die Worte: „Donner, Wetter, Blitz!"

Währenddessen versuchen die anderen Kinder, dem Rufer durch Laufen, Gehen, Schleichen etc. näher zu kommen. Beim Wort „Blitz" wendet sich der Rufer blitzartig um. Die anderen versuchen, sofort still zu stehen und sich nicht mehr zu bewegen. Bewegt sich doch jemand und wird dabei vom Rufer beobachtet, so wird er/sie beim Namen genannt und scheidet aus.

Die nächste Runde beginnt. Der Rufer wendet sich von neuem von den im Spiel verbliebenen Kindern ab. Das Spiel ist zu Ende, wenn alle Kinder den Platz gewechselt haben oder ausgeschieden sind.

Ab 4 Jahre.

Ein Elefant wollt bummeln gehn

Ein großes Tuch, eine Decke oder ein „Schuppenpanzer" aus Kartons verwandelt jedes Kind in eine Schlange, einen Drachen oder ein anderes Fantasietier.

Ein Kind fasst das andere an, und der singende Elefantentrott durch Wohnung oder Garten kann beginnen. Das vielgliedrige Ungetüm versucht, Beine, Buckel, Kopf und Schwanz nach dem Rhythmus des Liedes zu bewegen. Ein Dompteur darf nach jeder Strophe mit seinem Instrument aufspielen. Der Riesenelefant spitzt dann die Ohren und tanzt. Bei Pausen steht er mäuschenstill!

Ab 4 Jahre.
Material: Laken,
Decke, Kartons. Allein
die Vorbereitungen
sind ein Riesenspaß!

Ein Elefant wollt bummeln gehn,
sich die weite Welt ansehn.
Langsam setzt er Fuß vor Fuß,
denn er ist kein Omnibus.
Bald ist er nicht mehr allein,
alles trampelt hinterdrein.
Und schon singt das ganze Land
dieses Lied vom Elefant.

Der Trampelfant

Ab 4 Jahre. Material:
altes Laken. Eine
zirkusreife Tanz-
nummer, vorausge-
setzt, die tausend
Füße kommen nicht
aus dem Tritt!

Tausend Füße gucken unter einem großen Tuch hervor. Wer mag, kommt mit und hängt sich dran. Gemeinsam und zum Takt des Liedes wird nun getrampelt und gestrampelt, geringelt und gekringelt, gestolpert und geholpert, gewackelt und … Wer mag, kann das Lied weiter dichten. Nach jeder Strophe kommt der Refrain:

Er lässt dich herzlich grüßen,
mit seinen tausend Füßen.
Komm mit und häng dich dran!
Seht, da kommt der Trampelfant,
trampelt durch das ganze Land.
Soooo trampelig und strampelig
trampelt er durchs Land.

Seht, da kommt der Ringelfant,
ringelt sich durchs ganze Land
Sooo ringelig und kringelig
ringelt er durchs Land.

Seht, da kommt der Wackelfant,
wackelt durch das ganze Land.
Soooo wickelig und wackelig
wackelt er durchs Land.

Seht, da kommt der Stolperfant,
stolpert durch das ganze Land.
Soooo – stolperig und holperig
stolpert er durchs Land.

Text und Melodie: Dorothée Kreusch-Jacob

Es tanzt ein Bibabutzemann

Es tanzt ein Bibabutzemann
in unserem Haus herum, fidibum!
Er rüttelt sich und schüttelt sich
und wirft sein Säcklein hinter sich.
Es tanzt ein Bibabutzemann
in unserem Haus herum.

Es tanzt ein Bibabutzemann
in unserem Haus herum, fidibum!
Bald ist er hier, bald ist er dort,
und plötzlich ist er wieder fort.
Es tanzt ein Bibabutzemann
in unserem Haus herum.

Ab 2 Jahre. Jedes Kind wird zum Bibabutzemann und führt seine Schritte aus, wie es möchte.

Text auf S. 106

1. Seht, da kommt der Tram-pel-fant, tram-pelt durch das gan-ze Land.
Soooo tram-pe-lig und stram-pe-lig tram-pelt er durchs
Land. Land! Er lässt dich herz-lich grü-ßen, mit
sei-nen tau-send Fü-ßen. Komm mit und häng dich dran!

Auf der Eisenbahn

Auf der Eisenbahn
sitzt ein schwarzer Mann,
schürt das Feuer an, dass man fahren kann.
Kinderlein, Kinderlein, hängt euch an,
wir fahren mit der Eisenbahn.
Kinderlein, Kinderlein hängt euch an,
damit der Zug auch fahren kann.
Uhu, uhu!

Ab 3 Jahre. Der „Lokführer" fährt los, nach und nach hängen sich die „Waggons" an. Der Lokführer lenkt den Zug, wohin er will.

Papiermusik

Ab 3 Jahre. Material: ein Zeitungsblatt für jedes Kind.

Gibt es Wind heute? Dann ist der richtige Moment gekommen, um einem Zeitungsblatt beim Tanzen zuzuschauen. Hoch in die Luft werfen und flattern und schweben lassen. Wer erwischt das Blatt eines anderen Mitspielers?

Heut flatterte durch unsere Stadt
ein großes, keckes Zeitungsblatt.
Mit selber ists begegnet.
Mir selber ists begegnet.

Herab die Straße im Galopp
kam es gelaufen, hopp, hopp, hopp.
Es hüpfte, hopste, tanzte.
Es hüpfte, hopste, tanzte.

Allmählich wurd es müd, es kroch,
es schlurfte nur, es schlich nur noch
und legte still sich nieder.
Und legte still sich nieder.

Da lags, wie eine Flunder platt.
Dann aber tat das Zeitungsblatt
ganz plötzlich einen Sprung.
Ganz plötzlich einen Sprung.

Stieg steil empor in kühnem Flug,
wobei es ein paar Saltos schlug,
und landete dann wieder.
Und landete dann wieder.

Da saß es nun und duckte sich.
Jetzt krieg ich dich – doch es entwich
mit tausend Purzelbäumen.
Mit tausend Purzelbäumen.

Kartonhaus bauen

Die Kinder beginnen, ihre Villa Kunterbunt zu bauen. Sie darf frei nach Belieben gestaltet werden. Natürlich soll auch eine Grundstücksgrenze, also ein Zaun gebastelt werden.

Dieses Spiel erfordert sehr viel Platz. Je kleiner die Mitspieler, desto tatkräftiger muss die Unterstützung sein.

Ab 2 Jahre. Material: Verpackungskartons – je größer desto besser, Klebeband, Schere, Stifte, Lineal, Messer zum Papierschneiden.

Hab einen Schmetterling gesehen

Schmetterlingsflügel sind schnell gemacht. Zwei bunte Tücher werden am Hosenbund befestigt und am anderen Ende mit den Händen gehalten. Bewegt man die Arme auf und ab, entfaltet der Schmetterling seine Flügel. So kann er zum Lied über die Wiese gaukeln und schaukeln, flattern und schweben.

Ab 3 Jahre. Material: zwei bunte Tücher für jedes Kind.

Hab einen Schmetterling gesehen,
flog übers Tulpenbeet.
Bleib, Schmetterling, so bleib doch stehn!
Weg war er, schon zu spät!

Hab einen Schmetterling gesehen,
flog übern Gluckerbach.
Bleib, Schmetterling, so bleib doch stehn!
Patsch, springe ich dir nach!

Hab einen Schmetterling gesehen,
flog übern Fröscheteich.
Bleib, Schmetterling, so bleib doch stehn!
Gib acht, ich fang dich gleich!

Hab einen Schmetterling gesehen,
flog übern Regenbogen.
War bunt und herrlich und so schön,
da bin ich mitgeflogen!

Text: Nortrud Boge-Erli, Melodie: Dorothée Kreusch-Jacob

109

Text auf S. 109

1. Hab' ei - nen Schmet - ter - ling ge - sehn. flog ü - bers Tul - pen - beet. Bleib, Schmet - ter - ling, so bleib doch stehn! Weg war er, schon zu spät!

Text auf S. 111

1. Fünf Geis - ter tan - zen durch die Nacht. Sie spu - ken, bis der Mond er - wacht.

Refrain

Hu, hu, hu, hu, hu, hu, hu, hu.

Text auf S. 112

1. Ein Frosch sprach zu dem an - dern: „Wir woll'n zum Was - ser wan - dern, dort ist es kühl und nass, dort ist es kühl und nass, da macht das HÜP - FEN Spaß!"

110

Fünf Geister

Für einen flotten Geistertanz genügt ein Umhang aus einem großen Bogen Zeitungspapier: Schon ist ein Geistergewand entstanden. Nun können die Geister durch die Nacht tanzen, flattern, und rascheln. Jede einzelne Strophe bekommt die passende „Begleitmusik": Es wird gejault, geklappert, gebrummt, gekreischt, gekichert und geflüstert. Sogar die Katze miaut mit, und der Wind heult.

Material: Zeitungspapier. So richtig zum Gruseln!

Fünf Geister tanzen durch die Nacht.
Sie spuken, bis der Mond erwacht.
Hu, hu, hu, hu, hu, hu, hu, hu

Der Erste jault, so laut er kann.
Er hat ein weißes Bettuch an.
Ha, ha, ha, ha, ha, ha, ha, ha.

Der Zweite tanzt im Abendwind
und flattert um dein Haus geschwind.
Ho, ho, ho, ho, ho, ho, ho, ho.

Der Dritte guckt zum Fenster rein
und klappert mit den Knöchelein.
He, he, he, he, he, he, he, he.

Der Vierte jagt die Katz vom Dach
und kichert alle Schläfer wach.
Hi, hi, hi, hi, hi, hi, hi, hi.

Der Fünfte pocht an deine Tür
Und flüstert leis: „Komm, tanzen wir!"
Sch, sch, sch, sch, sch, sch, sch, sch.

Nun tanzen alle mit geschwind,
sogar die Katze und der Wind.
Hui, hui, hui, hui, hui, hui, hui, hui.
Text und Melodie: Dorothée Kreusch-Jacob

Ein Frosch sprach zu dem andern

Ab 4 Jahre. Alle Frösche, Störche, Enten, Schwäne und Sumpfhühner sind zum Wasserfest eingeladen!

Rings um den „Teich" stehen die Tänzer und warten auf ihren Auftritt. Sie suchen sich einen Freund und hüpfen, stelzen, watscheln so, wie es im Lied gesungen und erzählt wird. Dazu gibt es eine lustige Begleitmusik von allerlei tierischen Lauten und Geräuschen, die die Tänzer von sich geben.

Ein Frosch sprach zu dem andern:
„Wir wolln zum Wasser wandern,
dort ist es kühl und nass,
dort ist es kühl und nass,
da macht das Hüpfen Spaß!"

Ein Storch sprach zu dem andern:
„Wir wolln zum Wasser wandern,
dort ist es kühl und nass,
dort ist es kühl und nass,
da macht das Stelzen Spaß!"

'ne Ente sprach zur andern:
„Wir wolln zum Wasser wandern,
dort ist es kühl und nass,
dort ist es kühl und nass,
da macht das Watscheln Spaß!"

Ein Sumpfhuhn sprach zum andern:
„Wir wolln zum Wasser wandern,
dort ist es kühl und nass,
dort ist es kühl und nass,
da macht das Tauchen Spaß!"

Ein Schwan sprach zu dem andern:
„Wir wolln zum Wasser wandern,
dort ist es kühl und nass,
dort ist es kühl und nass,
da macht das Schwimmen Spaß!"

Ein … sprach zum andern:
„Wir wolln zum Wasser wandern,
dort ist es kühl und nass,
dort ist es kühl und nass,
da macht das … Spaß!"

Text und Melodie: Dorothée Kreusch-Jacob

Zirkus Pizzikato

Text auf S. 114

1. Im Zir-kus Piz-zi-ka-to, da ist es wun-der-schön.
Da kannst du für zwei Pfen-nig den dum-men Au-gust sehn.
(Klatschen!) La la la la la la la la la la la la la la.

Zehn kleine Musikanten

Text auf S. 115

1. Ein klei-ner Mu-si-kant, der fühlt sich so al-lein.
Er bläst sein Lied zum Fens-ter raus, und schon sind sie zu zwein.

Im Zirkus Pizzikato

Alles, was die mit-spielenden Kinder an Zirkuskunststücken auf Lager haben, hat in diesem Lied Platz. Beim Refrain singen auch die Zuschauer mit!

Im Zirkus Pizzikato,
da ist es wunderschön.
Da kannst du für zwei Pfennig
den dummen August sehn.   Refrain: La la la la la la la ...

Im Zirkus Pizzikato,
da ist es wunderschön.
Da kannst du einen Kater
den Salto schlagen sehn.   Refrain: La la la la la la la ...

Im Zirkus Pizzikato,
da ist es wunderschön.
Da kannst du Paule Protzig
fünf Zentner stemmen sehn.   Refrain: La la la la la la la ...

Im Zirkus Pizzikato,
da ist es wunderschön,
da kannst du einen Löwen
beim Autofahren sehn.   Refrain: La la la la la la la ...

Im Zirkus Pizzikato,
da ist es wunderschön,
da kannst du zwei Gespenster
'nen Tango tanzen sehn.   Refrain: La la la la la la la ...

*Ab 4 Jahre.
Material: Requisiten aus der Altkleider-kiste. Manege frei im Zimmerzirkus!*

Im Zirkus Pizzikato,
da ist es wunderschön,
da klatschen alle Leute
und wollen noch mehr sehn.   Refrain: La la la la la la la ...

Text und Melodie: Dorothée Kreusch-Jacob

Variation
Da jede Strophe mit zwei gleichen Zeilen beginnt, können die Mitspie-ler mühelos neue Texte erfinden, die zu ihrem Zirkus-Auftritt passen.

Zehn kleine Musikanten
Mit diesem Lied entsteht ein musikalischer Umzug, der Mittelpunkt eines Festes werden kann. Ein mutiges Kind fängt an, dann werden es zwei – und so weiter …

Ein kleiner Musikant,
der fühlt sich so allein.
Er bläst sein Lied zum Fenster raus,
und schon sind sie zu zwein.

Ab 3 Jahre.
Material: Masken und Kostüme aus der Verkleidungskiste.

Zwei kleine Musikanten,
die singen: „Wer spielt da mit?"
Der Löwe bringt die Rasseln her,
jetzt sind sie schon zu dritt!

Drei kleine Musikanten,
die spielen vor der Tür.
Das Pferdchen holt sein Kochgeschirr,
passt auf, gleich sind es vier!

Vier kleine Musikanten,
die spielen unterm Baum.
Das Mädchen summt auf seinem Kamm,
so leis, man hört es kaum.

Fünf kleine Musikanten,
die ziehen um das Haus.
Wer bläst denn da, so laut er kann,
zum offnen Fenster raus?

Sechs kleine Musikanten,
die wandern durch den Wald.
Da treffen sie den kleinen Fuchs,
der trommelt, dass es hallt.

115

Sieben kleine Musikanten,
die spielen leis bei Nacht,
das hat der Jägersmann gehört,
und plötzlich sind es acht.

Acht kleine Musikanten,
die können sich jetzt freun,
denn einer bringt sein Xylophon,
hurra, es sond schon neun.

Neun kleine Musikanten
kann man hier spielen sehn,
und machst du mit, dann freun sie sich,
dann sind sie endlich zehn!

Text und Melodie: Dorothée Kreusch-Jacob

Variation
Je nachdem, was für Kinder und Instrumente mitspielen, können diese in den Text des Liedes eingefügt werden.

Anhang

Fragebogen: Ist mein Kind altersgemäß entwickelt?

Sie als Bezugsperson sollten wachsam, hellhörig und hellsichtig sein, wo es um Ihr Kind geht. Dabei möchte Sie dieser Fragebogen unterstützen.

Versuchen Sie, gerade weil es um ein Kind geht, so ehrlich wie möglich zu antworten, auch wenn das vielleicht schmerzhaft ist. Welche Bezugsperson wird schon gern wahrhaben, dass bei ihrem Kind etwas nicht stimmt? Und doch fühlt sie das zumeist instinktiv. Manche Störungen, die Sie jetzt, da das Kind noch klein ist, leicht „übersehen" können, maskieren sich und kehren in der Schule als Teilleistungsschwächen wieder. Dann sind sie viel schwieriger zu beheben. Sie haben es in der Hand, durch einfache gezielte Unterstützung den Entwicklungsverlauf positiv zu beeinflussen.

Beobachtungsbogen für: *Datum:*

Allgemeines
Verlauf der Schwangerschaft
Verlauf der Geburt
Termingeburt (+/– 10 Tage vom errechneten Geburtstermin = Termingeburt)
Frühgeburt
Mehrlingsgeburt
Geschwisterreihenfolge

Wichtige Symptome
Kreuzen Sie die Fragen an, die Sie mit Nein beantworten würden.
1. Das Kind ist beim Krabbeln geschickt.
2. Es klettert gut.
3. Es ist geschickt beim Basteln, Schneiden, Kleben, Malen.
4. Es kann sich im Spiel „verlieren".
5. Es gelangt ohne Schwierigkeiten von einem Ort zu einem anderen. Es verläuft sich nicht.

6. Es findet sich auch an fremden Plätzen gut zurecht, weil es weiß, dass es sich nicht verirrt.
7. Das Kind dosiert die Kraft, die es für eine Sache benötigt, genau.
8. Es verletzt sich selten.
9. Es ist eher schmerzunempfindlich.
10. Beim Spielen ist der Mund geschlossen. Die Zunge wird bei Anstrengungen, wie beispielsweise beim Ausführen von ungeübten Bewegungen der Hände, nicht sichtbar mitbewegt.
11. Das Kind tobt gern mit den Bezugspersonen herum. Es lässt sich gern drehen oder „werfen". Aber irgendwann hat es genug davon.

Auswertung

Alle diejenigen Fragen, die sie mit Nein beantwortet haben, lassen Sie bitte genauer vom Facharzt abklären.

Jede Frage ist einem bestimmten Förderungsbereich zugeordnet, nämlich:

Tastsinn: Fragen 1, 3
Tiefensensibilität: Fragen 2, 7, 8, 9
Gleichgewichtssinn: Fragen 4, 11
Körperorientierung: Fragen 5, 6, 10

Fachbegriffe von A bis Z

Abstützreaktion Ein Reflex, der zum Strecken der Arme führt. Beim Fallen schützt er Gesicht und Körper.

Agonisten Bei den Muskeln sind Muskelgruppen, die als die eigentlichen Beweger bezeichnet werden. Ihnen wirken die *Antagonisten* entgegen. Sie bewegen die Gliedmaßen in die entgegengesetzte Richtung und helfen, die durch die Agonisten erzeugte Bewegung abzubremsen.

Antagonisten Muskelgruppe, die die Gliedmaßen in die entgegengesetzte Richtung zieht. Sie bremsen die von den Agonisten erzeugte Bewegung.

Apraxie Ein Mangel an Bewegungsplanung oder Geschicklichkeit. Eine mögliche Ursache kann eine sensorische Integrationsstörung sein. Sie verhindert das Planen und Ausführen von nicht vertrauten Aufgaben.

Assoziationsfeld Befindet sich in der Großhirnrinde (cortex cerebri). Hier werden verschiedene sensorische oder motorische Informationen integriert. Die Assoziationsfelder stehen mit den ihnen übergeordneten, sensorischen oder motorischen Arealen des Gehirns in Verbindung. Derzeit sind drei wichtige assoziative Bereiche bekannt: 1) der parietal-temporal-okzipital-Assoziationscortex, 2) der präfrontale Assoziationscortex und 3) der limbische Assoziationscortex.

Auditiv Akustisch, den Hörsinn betreffend.

Auditorisches System (auditives System) Neuronensystem, welches in der Schnecke (cochlea) im Innenohr beginnt, durch den Hirnstamm und die mittleren Kniehöcker (corpus geniculatum mediale) des Thalamus verläuft und im auditorischen Cortex endet.

Autonomes Nervensystem siehe *vegetatives Nervensystem*.

Behaviorismus Eine erstmals zu Beginn des 20. Jahrhunderts aufgestellte These, nach der der einzig geeignete Zugang zum Verständnis von Verhalten in der Beschreibung der beobachtbaren Reaktionen einer Versuchsperson, bzw. eines Versuchstieres besteht. Kinder eignen sich demnach durch Imitieren der Erwachsenensprache die ersten sprachlichen Strukturen an, und Lernprozesse werden ganz allgemein durch Umweltanregungen ausgelöst.

Bewegungsplanung siehe *motorisches Planen*.

Cerebellum (Kleinhirn) Einer der sechs Teile des Gehirns. Es beeinflusst die Stärke und das Ausmaß der Bewegung und wirkt beim Erlernen motorischer Fähigkeiten mit.

Cerebrale Dysfunktion Hirnfunktionsstörung.

Corpus callosum (Balken) Das größte Faserbündel im Nervensystem. Es verbindet die Großhirnhemisphären miteinander.

Cortex cerebri (Großhirnrinde) Einer der Hauptbestandteile der Großhirnhemisphären. Der cortex cerebri jeder Hemisphäre unterteilt sich in vier Lappen (Frontal-, Parietal-, Temporal- und Okzipitallappen. Er enthält sowohl primäre, sekundäre als auch tertiäre sensorische oder motorische Areale.

Cortex, prämotorischer Der übergeordnete motorische Bereich der Großhirnrinde. Er gliedert sich in das prämotorische und das supplementärmotorische Areal. Beide sind wichtig für das Vorbereiten und Kontrollieren von willkürlichen Bewegungen. Manchmal wird das prämotorische Areal auch als prämotorischer Cortex bezeichnet.

Cortex, primärer motorischer Die Region der Großhirnrinde. Sie verarbeitet als Letzte motorische Informationen.

Cortex, primärer sensorischer Spezialisierte Region der Großhirnrinde. Sie übernimmt die erste Verarbeitung sensorischer Informationen im Hirn. (Primärer somatosensorischer Cortex, primärer visueller Cortex, und primärer auditorischer Cortex)

Cortex, übergeordnete Zentren Hier werden verschiedene Informationen der Großhirnregion von einem primären sensorischen Zentrum verarbeitet. Es gibt übergeordnete, motorische Areale, die im präfrontalen Bereich zum prämotorischen Cortex zusammengefaßt werden, und mehrere übergeordnete sensorische Regionen. Diese drei Regionen sind miteinander verbunden und projizieren in die drei Assoziationsfelder.

Diencephalon (Zwischenhirn) Einer der sechs Teile des Gehirns. Es beherbergt den Thalamus und den Hypothalamus. Das Zwischenhirn liegt zwischen dem Mittelhirn und den Großhirnhemisphären.

Dyspraxie Mangelhafte Fähigkeit, die Extremitäten geschickt einzusetzen oder Bewegungen zu planen. Betroffene Kinder gelten häufig als „ungeschickt". Die Dyspraxie ist die schwächere Form der *Apraxie*. Sie wird häufiger diagnostiziert.

Efferent Als efferent bezeichnet man ein Neuron oder eine neuronale Bahn, die Signale vom Zentralnervenystem zur Peripherie oder aber zu einem untergeordneten Verarbeitungszentrum leitet (vgl. *afferent*).

Eigenwahrnehmung (Propriozeption = Tiefensensibilität) Damit meint man diejenigen Empfindungen, die von den Sinnesrezeptoren von Muskeln und Gelenken zum Gehirn weitergeleitet werden. Durch die Eigenwahrnehmung „weiß" das Gehirn, wann und in welchem Umfang sich Muskeln zusammenziehen oder strecken und wann und in welchem Ausmaß sich Gelenke beugen, strecken oder gezogen respektive gedrückt werden müssen. Durch die Eigenwahrnehmung ist es dem Gehirn möglich, in jedem Augenblick zu erkennen, wo sich welcher Körperteil befindet und ob und wie er sich gerade bewegt.

Empfindung Jede Empfindung ist durch vier Eigenschaften charakterisiert: Art (Modalität, z.B. Fühlen, Sehen, Hören, Riechen, Schmecken), Stärke (Intensität), Ort (Lokalisation) und Dauer.

Formatio reticularis Zentraler, netzförmiger (= reticulärer) Bereich des Hirnstammes. Hier treffen die meisten Nervenimpulse der Sinnesorgane ein, die ihrerseits Nervenbotschaften an die übrigen Bereiche des Gehirns senden.

Gehirn Das Organ, das alle geistigen Funktionen und gemeinsam mit dem Rückenmark das gesamte Verhalten vermittelt. Das Gehirn lässt sich in sechs Teile unterteilen: Verlängertes Mark (Medulla oblongata), Brücke (Pons), Kleinhirn (Cerecellum), Mittelhirn (Mesencephalon), Zwischenhirn (Diencephalon) und Großhirnhemisphären.

Großhirnhemisphären Einer der sechs Teile des Gehirns. Die beiden Hemisphären sind durch den Balken (Corpus callosum) miteinander verbunden. Alle einlangenden Reize werden hier verarbeitet. Hier werden willkürliche Bewegungen und das Verhalten des Menschen ausgelöst.

Händigkeit Jede Person ist mit einer Hand (handwerklich) geschickter. Händigkeit bildet sich aufgrund der Lateralisierung bzw. Dominanz der gegenüberliegenden Gehirnhälfte aus.

Handstütz, physiologisch richtiger Abstützen auf beide Handflächen, bei leicht gespreizten und gewölbten Fingern. Die Hände sind etwas in Richtung Körpermitte gedreht, die Ellenbogen leicht gebeugt, der Kopf befindet sich zwischen den Schultern.

Hirnstamm Sammelbegriff für drei anatomische Strukturen, die alle zum oberen Körperende hin (rostral) gelegen sind. Verlängertes Mark (Medulla oblongata), Brücke (Pons) und Mittelhirn (Mesencephalon). Hier werden Eindrücke von Haut und Gelenken des Kopfes, des Halses und Gesichts sowie von einigen Sinnen, etwa dem Gehör, dem Geschmack und dem Gleichgewicht verarbeitet.

Interaktionismus Eines der vier Denkmodelle des Spracherwerbs. Dem Interaktionismus zufolge entstehen erste sprachliche Strukturen aus gemeinsamen Handlungsmustern zwischen Mutter und Kind. Wirth gibt zu bedenken, dass der Interaktionismus den Spracherwerb nicht erklärt, sondern nur die Bedingungen beschreibt, unter denen sich der Spracherwerb vollzieht.

Kleinhirn (Cerebellum) Einer der sechs Teile des Gehirns. Er beeinflusst die Stärke und das Ausmaß der Bewegungen und wirkt beim Erlernen motorischer Fähigkeiten mit.

Kommisur Faserbündel in Nervensystemen, dessen Nervenfasern die Körpermittellinie überkreuzen (dekussieren). Die größte menschliche Kommisur ist der Balken (corpus callosum).

Körperwahrnehmung Die Wahrnehmung, die jemand vom eigenen Körper hat. Sie bildet sich aus den Sinneseindrücken des Körpers, den im Gehirn gespeicherten „Landkarten". Es existieren dafür auch andere Begriffe: *Körperschema*, *Körperbild* oder auch das *Nervenmodell des Körpers*; siehe auch *Eigenwahrnehmung*.

Kritische Phase Eine für verschiedene Gehirnregionen unterschiedlich lange Zeitspanne in der Entwicklung, während der die genetisch festgelegten Muster der Hirnschaltkreise besonders stark durch exogene Faktoren beeinflusst werden können. Entsprechend lassen sich in der kritischen Phase die Wechselwirkungen zwischen genetischen und äußeren Einflüssen am besten untersuchen. Maria Montessori spricht von kritischer Entwicklungsphase, während der ein Kind besonders aufnahmefähig für bestimmte Prozesse ist.

Kognitivismus Eines der vier Denkmodelle des Spracherwerbs. Es wird auch der Begriff *Konstruktivismus* verwendet. Diesem Ansatz zufolge entstehen erste sprachliche Strukturen aus sensomotorischen Strukturen.

Konsonantismus Das Kind erwirbt Laute in Gegensätzen, labial-nasal, labial-dental. „p", „m" und „t" (vergleiche *Vokalismus*). Erstmalige Beschreibung durch Jakobson, der die Reihenfolge des Lauterwerbs beschrieb.

Labyrinth (knöchernes Labyrinth) Eine Struktur im Innenohr. Sie enhält die Rezeptoren für das Gleichgewichtssystem und für das Gehör.

Lateralität (Seitigkeit) Die bevorzugte Verarbeitung bestimmter Prozesse in einer Großhirnhemisphäre. Bei vielen Menschen werden räumliche und musikalische Wahrnehmungsmuster besser in der rechten Großhirnhemisphäre verarbeitet, während die linke Hemisphäre vorzugsweise Wortbildungs- und Denkprozesse berücksichtigt. Normalerweise steuert die nicht dominante Hirnhälfte die nichtsprachlichen Leistungen. Sie arbeitet ganzheitlich oder holistisch. Die dominante Hirnhälfte arbeitet eher analytisch.

Limbisches System Teil des Gehirns, das sich mit gefühlsbedingtem Verhalten und Gefühlsreaktionen auf Sinneseinwirkungen befasst. Es ist keine exakt abgegrenzte Gehirnregion, sondern besteht aus dem limbischen Lappen, den medialen Abschnitten von Frontal-, Parietalund Temporallappen, die ein durchgängiges Band bilden, das auf dem Hirnstamm und dem Zwischenhirn aufliegt. Die Neuronen des Systems bilden komplexe Schaltkreise, die eine wichtige Rolle beim Lernen, bei Emotionen und beim Gedächtnis spielen.

Lobus (Lappen) Die Rinde, die beide Gehirnhälften überzieht, ist in vier anatomisch abgrenzbare Lappen untercilt: Frontal-(Stirn), Parietal-(Scheitel), Okzipital (Hinterhaupt) und Temporal(Schläfen)lappen.

Medulla oblongata (verlängertes Mark) Einer der sechs Teile des Gehirns. Das verlängerte Mark ist die direkte Fortsetzung des Rückenmarks. Es ähnelt diesem im Aufbau und auch in der Funktion. Das verlängerte Mark kontrolliert mehrere lebenserhaltende vegetative Funktionen wie Atmung, Verdauung und Herzrhythmus.

Mittelhirn (Mesencephalon) Einer der sechs Teile des Gehirns. Es befindet sich oberhalb der Brücke und kontrolliert viele sensorische und motorische Funktionen. Beispielsweise koordiniert es visuelle und auditorische Reflexe sowie die Augenbewegungen.

Motorische Karte Das verinnerlichte Bild des Bewegungsapparates in der Großhirnrinde.

Motorisches Planen (Bewegungsplanung, Praxie) Damit bezeichnet man die Fähigkeit des Gehirns, sich eine Abfolge ungeübter Handlungen vorzustellen, den Bewegungsablauf zu ordnen und auszuführen (vergleiche *Apraxie* und *Dyspraxie*).

Motorcortex Bereich der Großhirnrinde. Der Motorcortex liegt vor der zentalen Furche in Stirnrichtung. Er wird als Bereich der willkürlichen Bewegungskontrolle angesehen.

Nativismus Denkmodell des Spracherwerbs, auch als Innatismus oder Mentalismus bezeichnet. Hier wird von einer angeborenen sprachlichen Fähigkeit des Säuglings ausgegangen, derzufolge sich Sprache aus angeborenen Grundstrukturen entwickelt. Ein bekannter Vertreter dieses Denkmodells ist Chomsky.

Neurotransmitter Körpereigene Übermittlerstoffe. Sie übertragen die elektrischen Impulse von einer präsynaptischen Nervenzelle an die postsynaptischen Rezeptoren. Neurotransmitter befinden sich im synaptischen Spalt zwischen zwei Nervenzellen.

Nystagmus Eine Serie automatischer Hin- und Herbewegungen der Augen. Dieser Reflex ist durch unterschiedliche Vorgänge auslösbar. Zumeist wird er durch ein plötzliches Abbremsen des Körpers nach einer Serie rascher Körperdrehungen ausgelöst. Die Dauer und Gleichmäßigkeit des postrotatorischen Nystagmus sind für Ärzte und Therapeuten, die mit dem Modell der sensorischen Integration arbeiten, ein Hinweis, um eine Leistungsschwäche des Gleichgewichtssystems zu erkennen.

Praxie siehe *motorisches Planen.*

Rückenmark (Medulla Spinalis) Der am weitesten zum Steißbein hin gelegene Teil des Zentralnervensystems. Das Rückenmark leitet motorische Kommandos vom Großhirn zu den Motoneuronen. Es kontrolliert die Bewegung der Extremitäten und des Rumpfes. Außerdem verarbeitet es sensorische Informationen von Haut, Gelenken und Muskulatur der Extremitäten und des Rumpfes und leitet diese zum Großhirn weiter. Es kontrolliert die autonomen (vegetativen) Funktionen und ist seinerseits imstande, Reflexe auszulösen.

Sensomotorisch (Sinnesreize) Sensorische Reaktion und die dadurch veranlassten Muskelreaktionen, motorische Reaktionen betreffend.
Sensomotorische Intelligenz Dieser Ausdruck geht auf Piaget und Inhelder und deren Vier-Stufen-Modell der kindlichen (Sprach-)Entwicklung zurück, das auf S. 18 beschrieben wird.
Sensorische Integration Das Modell der sensorischen Integration wurde von A. Jean Ayres geschaffen und basiert auf dem Entwicklungsmodell von Piaget und Inhelder. Es betrifft das sinnvolle Ordnen und Aufgliedern von Sinneserregungen, um sie anschließend zu nutzen. Die Art, wie Sinneseindrücke „genutzt" werden können, ist unterschiedlich. Sie können die Wahrnehmung betreffen, das Erfassen des eigenen Körpers oder der Umwelt, aber auch angemessene Anpassungsreaktionen auslösen oder kognitives Lernen betreffen.
Taktil Berührungen der Haut oder der Schleimhäute betreffend.
Tiefensensibilität siehe *Eigenwahrnehmung.*
Tonus Darunter versteht man die Kraft, mit der sich ein Muskel einer Verlängerung widersetzt. Der normale Muskeltonus erfüllt mehrere wichtige Funktionen: Er hilft beim Bewahren der Körperhaltung; er erlaubt, Energie zu speichern, damit sich der Mensch beim Laufen oder Rennen weniger anstrengen muss, und die sprung-dehnartigen Eigenschaften der Muskel tragen zu den fließenden Bewegungen bei.
Vestibuläre Kerne Sie verarbeiten die einlangenden Gleichgewichtseindrücke und übermitteln sie an andere Gehirnbereiche, damit eine angemessene Anpassungsreaktion des Körpers vorbereitet werden kann.
Vestibuläres System (Gleichgewichtssystem) Das Sinnessystem, das auf die Kopfhaltung in Bezug zur Schwerkraft der Erde sowie auf Bewegungen (verlangsamen oder beschleunigen) reagiert.
Visuelles (optisches, das Sehen betreffende) System Das System neuronaler Verschaltungen von der Retina bis zum Cortex, das die visuelle Information verarbeitet und dadurch das Sehen ermöglicht.
Vokalismus Die zuerst gebildeten kindlichen Vokale. Das Wort geht auf Jakobson zurück, der die Reihenfolge des Lauterwerbs entdeckte. Als minimalen Vokalismus bezeichnet man das ausschließliche Vorkommen von „a", „u" und „i" (vergleiche *Konsonantismus*).

Wahrnehmung Jede Wahrnehmung ist durch vier Eigenschaften charakterisiert: Art (Modalität (Fühlen, Sehen, Hören, Riechen und Schmecken), Stärke (Intensität), Ort (Lokalisation) und Dauer.

Zentralnervensystem: (ZNS) Eine der beiden anatomischen Untergliederungen des Nervensystems. Bei der anderen handelt es sich um das periphere Nervensystem. Das ZNS umfaßt das Gehirn und das Rückenmark.

Literatur

Affolter, F.: Wahrnehmungsprozesse, deren Störungen und Auswirkungen auf die Schulleistung, insbesondere Lesen und Schreiben, Zur Kinder-Jugend-Psychiatrie, Band 3, Heft 2, 1975

Ayres, A. Jean: Bausteine der kindlichen Entwicklung, Springer, 2. Auflage, 1984

Barff, Ursula.: Lauter tolle Sachen, die Kinder gerne machen, Falken, 1993

Berger, M., in Polster, E. & M.: Gestalttherapie, Theorie und Praxis, Kindler, 1975

Biebricher, Helga, Sibille Bauer: Zehn kleine Zappelfinger, Pattloch, 1991

Bielefeld, Elfriede: Tasten und Spüren, Ernst Reinhardt, 1996

Brüggebors, Gela: Einführung in die holistische Sensorische Integration/HSI, Teil 1, Borgmann Publishing GmbH Dortmund, 1992

DeCasper, A. J. & Fifer, W. P.: Of human bonding: Newborns prefer **their mothers' voices, 1980, Science, 208, 1174–1176**

Friedrich, Max H.: Irrgarten Pubertät, Elternängste, Deutsche Verlagsanstalt, 1999

Freud, Anna: Einführung in die Technik der Kinderanalyse, Kindler, 1980 (1948)

Geschwind, N.: Disconnexion syndromes in animals and man. In: Brain, 88: 237–294; 585–644, 1965

Geschwind, N.: Selected Papers on Language and the Brain, Reidel, Dordrecht, Holland, 1974

Gider, Iskender: Das große bunte Liederbuch, Loewes, Blindlach, 1990

Geißner, H.: Soziale Rollen als Sprechrollen, Kongressbericht, Hamburg, 195–204, 1960

Hainstock. Elisabeth G.: Montessori zu Haus, Die Vorschuljahre, Hyperion-Verlag, 1968

Hengstenberg, Elfriede: Entfaltungen. Bilder und Schilderungen aus meiner Arbeit mit Kindern, Arbor, Heidelberg, 1991

Jacobson, Roman: Kindersprache, Aphasie und allgemeine Lautgesetze, Suhrkamp 1969

Kandel, E., J. H. Schwartz, Th. M. Jessel (Hrsg).: Neurowissenschaften, Spektrum Akademischer Verlag, 1995

Kreusch-Jacob, Dorothée: Rosen, Tulpen, Kieselstein, komm, wir wollen Freunde sein, Ellermann, 1989

Kreusch-Jacob, Dorothée: Ich schenk dir einen Regenbogen, Patmos, 1993

Kreusch-Jacob, Dorothée: Lieder Spielbuch für Kinder, Ravensburger, **1987**

Kreusch-Jacob, Dorothée: Mit Liedern in die Stille, Patmos, 1996

Lesigang, Chr.: Zur Beurteilung der Psychomotorik sprachgestörter Kinder, Habilitation 1980

Papousek, Mechthild: Vom ersten Schrei zum ersten Wort, Hans Huber, 1994

Piaget, Jean: Der Aufbau der Wirklichkeit beim Kinde, Klett-Cotta, 1975

Pausewang, Elfriede: Die Unzertrennlichen, Don Bosco, 1999

Rogers, Carl R.: Entwicklung der Persönlichkeit, Klett-Cotta, 1976

Stengel, Ingeburg: Sprachschwierigkeiten bei Kindern, Klett-Cotta, 1977

Wataru Ohaschi, Mary Hoower: Die sanfte Babymassage, Knaur, 1991

Wild, Rebecca: Sein zum Erziehen, Arbor, 1993

Wild, Rebecca: Erziehung zum Sein, Arbor Verlag, 1995

Wirth, Günter: Sprachstörungen, Sprechstörungen, kindliche Hörstörungen, Deutscher Ärzte-Verlag 4. Aufl. 1994

Register